伟 大 的 思 想
GREAT IDEAS

04

阅读的时日
DAYS OF READING

〔法〕马塞尔·普鲁斯特　著
魏柯玲　译

DAYS OF READING
by Marcel Proust
Selection copyright © Penguin Books Ltd
Cover artwork © Phil Baines
Simplified Chinese edition copyright © 2023 by The Commercial Press in association with Penguin Random House North Asia. All rights reserved.

 "企鹅"及相关标识是企鹅兰登已经注册或尚未注册的商标。未经允许,不得擅用。
封底凡无企鹅防伪标识者均属未经授权之非法版本。

涵芬楼文化 出品

译者序

> 某些"阅读的时日"就如同徜徉在威尼斯圣马可广场……
>
> ——马塞尔·普鲁斯特

在一般读者的心目中,普鲁斯特的形象大约是那位在病榻上倾尽心力打磨长河巨著的作家。这大抵是不错的,但我们往往忽略他漫长的养成时期,他在《追忆似水年华》之前的大量写作:笔记、随笔、专栏文章、翻译、仿写、评论、小说等。当他被认为是游走于沙龙的附庸风雅之士,专门记载种种绯闻逸事的记者式撰稿人时,他已在不间断地观察、感受、试笔,童年起的全部阅读经历,日常生活的细微体验，所有的遭遇和交游，已在他的头脑中碰撞沉淀，被他用最敏锐最细腻的感觉触角捕捉，渐渐酝酿、铺陈、生长，终于构筑成日后连绵无尽的文字大厦。

本书便撷取了普鲁斯特早期的几篇经典散文，从中可以发现他的许多基本观点已然成形：关于阅读，关于记忆，关于作家和作品的关系，关于非意愿回忆。许多细节和元素后来再次出现在《追忆似水年华》当中，普鲁斯特作为伟大散文家的风格亦已展现：看似散漫的漩流中细密的编织，将稍纵即逝的感性推向极致，生发出智性的演绎乃至灵性的探求。耽留于普鲁斯特的文字之网，常常让人心甘情愿随他沉溺于某个无限接近永恒的瞬间，仿佛那些"逝去的时光"蓦然涌现，毫发无损。我们不妨将这本小书当成一座玲珑的花园，经由它而进入那个令人目眩神迷的世界：既是仰之弥高的大教堂，也是丝丝缕缕缝缀的锦袍，坚固而柔弱，崇高而感伤，人世间幽微的悲喜、罅隙、残酷、激情与幻灭，共同支撑起精神的高度。

以下对这几篇文章做一扼要介绍。

约翰·罗斯金是英国维多利亚时期重要的艺术评论家、社会思想家和社会活动家。《约翰·罗斯金》一文便节选自普鲁斯特为罗斯金的著作《亚眠的圣经》法文译本所写的长篇译序。普鲁斯特指出，罗斯金的审美本质在于宗教感，其审美情感具有深刻的神圣性。文中特别提到鲁昂大教堂门廊上一个不起眼的小人像，如何因罗斯金的发现和注视而从物质的坍塌中复活，获得不朽的生命，指引和启迪后来者。但普鲁斯特亦以其特有的敏锐，质疑罗斯金的偶像崇拜是否损害了他智性的诚实与审美的纯粹，进而诘问自己是否也在对罗斯金的崇敬中犯下了同样的错误。他毫不讳言罗斯金的深刻影响，因为景仰天才的意义在于，真正独立的思想恰恰是在别的伟大思想的激发之下产生的："这自愿的服从是自由的开始。感受自我的最好方式便是努力在自身重建大师之所感。通过这深沉的努力，我们将自己的思想同大师的思想一道揭示。"

在《阅读的时日（一）》这篇余味悠长的文章里，普鲁斯特追述了自己的童年阅读经验，提出了与罗斯金不同的阅读观；其文风和一些段落预示了后来的《追忆似水年华》，叙述中亦已凸显记忆和时间的主题：我们随着幼时沉迷读书的叙事者度过一天，从清晨到午餐，从公园里的下午茶直到入夜，进入他的餐厅、卧室、走入公园、村庄、教堂，直至某次旅行的回忆，其间穿插种种干扰阅读而如今想来如此甜蜜的烦恼，不断令思绪飘向他处，将回忆引向歧途，仿佛迷失在小径分岔的花园，又被反复鸣响的钟声——卧室里的挂钟、小教堂的钟声、公园荫蔽处传来的天外的钟声——敲击出时间重叠的节奏，将往昔与现实、回忆与想象勾连成密密的织体。

从自身阅读的经验，普鲁斯特引出对罗斯金的阅读观的批评。普鲁斯特认为，阅读并非像罗斯金所言，如同与古往今来最优秀的人交谈，而是在接受他人思想的同时保持孤独中智性的自由与独立。阅读的危险在于盲从、炫耀学识和偶像崇拜，"为阅读而阅读"。阅读不是结论、答案和教条，而是激励、渴望与启发："阅读是精神生活的开始，它将我们引入精神生活，它并不构成精神生活。"阅读只是外力，推动而不能取代自我生发的力量；真正强健的心灵不会被阅读所压制。因此，阅读具有类似心理疗法的功效，为萎靡惰怠的心灵注入思考与创造的活力。此外,阅读是友谊的一种,最为真诚纯粹,静谧深沉,无须任何人情客套的伪饰。最后,阅读的质料,即语言文字,保留着唯有时间见证过的美;往昔的用词、句法、语法,字里行间蕴含的氛围、气息和形状,让人如同徜徉于古代建筑的遗迹。

《阅读的时日(二)》起初发表于1907年3月20日的《费加罗报》,叙述开始于打电话的经验。在那个时代,电话还是一种全新的交流方式,需要通过电话局,由一般为女性的接线员转接,她们不可得见、神秘莫测,而远方的声音全需仰仗她们的魔法才能接通,于是在普鲁斯特笔下,这些女接线员化身为"警觉的处女""守望天使""达纳伊得斯姐妹""愤怒女神"或"冷酷的精灵",也是"夜之女郎、传话的使者、无面目的女神、喜怒无常的守护神",经由她们,远方女友的声音终于在耳畔响起,连同遥远世界的讯息。而当不方便出门访客,电话又无法接通时,叙事者只好回到阅读。这次他读的是布瓦涅夫人的《回忆录》,在阅读中得以拜访我们无缘得见的过去的人物,从而使"生活与历史相连"。普鲁斯特承认自己离题了;而他的离题,正如每一次分岔,是多么趣味横生,引人遐思。

《圣伯夫的方法》节选自《驳圣伯夫》。普鲁斯特在此陈述的观点广为人知:他反对圣伯夫的传记批评方法,强调生活中的自我和创作中的自我之间存在本质差异:前者是外在的、表层的,后者才是真实的、深层的,而"一本书是另一个自我的产物,不同于我们在习惯、交往、恶行中所展示的自我",因此用前者来阐释后者是严重的错误。需要说明的是,普鲁斯特的文学观常常被简化为这寥寥数语的"反驳",而事实上,他正是以对圣伯夫的深入阅读为契机而开启了自己真正的写作。就此而言,已包含大量叙事元素的《驳圣伯夫》与其说是文学批评,毋宁说是《追忆似水年华》的准备和序章。

《普鲁斯特解释〈在斯万家那边〉》一文于1913年11月14日《追忆似水年华》第一卷《在斯万家那边》出版的前一天发表。普鲁斯特认为有必要对自己的作品做出解释,因为只看到眼前第一卷的读者无法察觉他脑海中构想的作品全景和整体结构。他特别阐明:时间流逝的主题;著名的意愿回忆与非意愿回忆的区别,后者才是整座记忆大厦的基石。他指出围绕时间展开的叙事主旨恰在于把握"超时间的本质"和"普遍必然的真理":"[非意愿回忆]

让我们领略到的是完全不同的情境中同样的感受，它们使这感受脱离了一切偶然性，为我们带来其超时间的本质，而这恰恰是美丽风格的内涵，这是普遍必然的真理，唯有风格之美才能传达。"

普鲁斯特的文字繁难而绮丽，译笔多有不逮之处，还望读者指正。

魏柯玲

目录

约翰·罗斯金 1

阅读的时日（一） 57

阅读的时日（二） 109

圣伯夫的方法（节选） 121

普鲁斯特解释《在斯万家那边》 131

➳ **约翰·罗斯金**[*]

罗斯金的思想,如同"离开她们的主神阿波罗前去照亮世界的缪斯"[1],一个个相继离开孕育它们的

---

[*] 约翰·罗斯金(John Ruskin,1819—1900年),英国维多利亚时期重要的艺术评论家、社会思想家及慈善家,著有《现代画家》《建筑的七盏明灯》《亚眠的圣经》《威尼斯之石》《芝麻与百合》等。普鲁斯特深受罗斯金影响,穷多年之功阅读研究,先后将《亚眠的圣经》和《芝麻与百合》翻译为法文出版(1904年、1906年),并为之撰写长文和大量注释。他并不精通英语,翻译工作是在母亲和友人玛丽·诺德林格(Marie Nordlinger)的帮助下完成的。《亚眠的圣经》是罗斯金对法国著名的哥特式亚眠大教堂的研究与礼赞。本文节选自普鲁斯特法译版《亚眠的圣经》译序。文后尾注为普鲁斯特原注。——译者〔本书页下均为译者注,后不另注〕

1. 《缪斯离开她们的主神阿波罗前去照亮世界》是法国19世纪画家古斯塔夫·莫罗(Gustave Moreau,1826—1898年)一幅画作的题目。

神圣头颅,化身于活的书籍,前去启迪众生。罗斯金退隐于孤独之中,直到这修士或苦行者完成其超人的使命,天意将之召回,先知的生命便常常终结于斯。那神迹正在实现,那庇护过不朽后世的易逝的头脑正在缓慢地毁灭,而我们只能透过虔敬的双手覆盖其上面的面纱去揣测这一切。

今天,死亡使人类得以拥有罗斯金留下的巨大遗产。因为天才要创造出不朽的作品,只能以其自身所承载的人类榜样为蓝本,而非依据其凡人形象。在某种意义上,他的思想只是借给他使用,在生前与他相伴,等他死后便回归全人类并提供教诲。正如位于拉罗什富科街的那座庄严府邸,古斯塔夫·莫罗在世时那里是他的宅邸,他逝后便成为莫罗博物馆。

约翰·罗斯金博物馆(位于谢菲尔德)存在已久[1]。其藏品目录如同全部艺术与科学的缩影。大师画作的照片与矿藏品相邻,就像在歌德的居所。同罗斯金博物馆一样,罗斯金的作品亦包罗万象。他追寻真理,即使在编年表和社会法则里也能找到美。

---

[1]. 罗斯金于1875年在英国谢菲尔德创办博物馆,如今纳入谢菲尔德千禧画廊的罗斯金收藏。

但既然逻辑学家将矿物学和政治经济学排除在"美术"的定义之外,我在此便只谈及作为美学家和艺术批评家的罗斯金,以及他在一般意义上的"美术"作品。

他首先被说成是现实主义者。不错,他屡屡重申,艺术家应该致力于对自然的纯粹模仿,"不对任何事物加以摒弃、蔑视和筛选"。

有人说他是理智主义者,因为他写到,最好的绘画包含着最崇高的思想。谈到在透纳画作《建立迦太基》[1]的前景中那些玩玩具船的孩子时,他总结道:"该场景表现出一种主导性的激情,那座新兴城市的伟大未来便将由此产生……此绝妙选择用词语和颜料均可表达,同绘画技巧无关;寥寥数语亦可同精心设色的图画一样向心灵传达同样的思想。这思想远远高于一切艺术;它是最高意义的史诗。"米尔桑[2]引用了这段文字并补充道:"同样,在分析丁

---

1. 约瑟夫·马洛德·威廉·透纳(Joseph Mallord Willam Turner,1775—1851年),英国风景画家。此处应指透纳的油画作品《狄多建立迦太基》。
2. 约瑟夫·安托万·米尔桑(Joseph Antoine Milsand,1817—1886年),法国评论家,著有《英国美学,约翰·罗斯金研究》。

托列托[1]的《圣家族》时，罗斯金凭借一段残垣和一栋石屋的前端便认出这是大师手笔，艺术家以此让我们从象征意义上理解到，耶稣的诞生便是犹太经济的终结和新的联盟的出现。这位威尼斯画家的另一件作品《耶稣受难》被罗斯金视为杰作，因为艺术家通过一个表面上无足轻重的细节，即在受难地背景中啃食棕榈叶的一头驴子，来陈述一个深刻的思想，即正是犹太唯物主义——伴随着它对纯现世意义上弥赛亚的期待和进入耶路撒冷时的幻灭——从根本上导致了人们对耶稣所倾泻的仇恨及其死亡。"

有人说他过于强调科学在艺术中的作用，以至于抹杀了想象力。他难道不是这样说过吗："……画家必须以地质学和气象学的精确度去了解每种岩石、土壤和云朵……每一种地质构成都具有其独一无二的特征；裂缝的确切纹路造成了岩石和土壤的固定形态；特定的植物还需根据气候与海拔的诸种不同加以细分……[画家]观察植物色彩与形状的每个特点……把握其或笔挺或松弛……的线条……观察

---

1. 丁托列托（Tintoretto，1518—1594年），意大利文艺复兴后期威尼斯画派画家。

其在地习性,其对特定地点的偏爱或厌憎,某些特殊影响对它的滋养或摧残。他在头脑中将之与其生活环境的全部特征相结合……他必须以雨丝般轻柔精妙的笔触表现出坍塌中的土壤的细微裂纹、下降的曲线及波动的阴影……最伟大的绘画当最大限度地向观者传达最伟大的思想。"

相反,有人说他给予想象太大的空间,以致毁了科学。不错,下面这段话不禁让人想起贝尔纳丹·德·圣-皮埃尔[1]天真的目的论,他说上帝将瓜切分成片只是为了方便人们享用:"……上帝将色彩施于最纯洁、最无辜、最珍贵之造物,作为其永恒的陪伴;而将普通的色调用于仅具物质用途或危险之物……看看鸽子的颈部,再对比一下蜂蛇的灰色背脊……同样,鳄鱼是灰色的,而无辜的蜥蜴则拥有美丽的绿色。"

有人说他使艺术沦为科学的附庸,因为他认为艺术品使我们得以认识事物的性质,乃至声称"一幅透纳的作品要比任何学派都更多地呈现出岩石的属性",以及"丁托列托这样的艺术家举手之间便能

---

[1] 贝尔纳丹·德·圣-皮埃尔(Bernardin de Saint-Pierre,1737—1814年),法国作家、植物学家,其最著名的小说是《保尔与薇吉妮》。

揭示出关于肌肉活动的诸多真相，足以令全世界的解剖学家蒙羞"。但也有人说他让科学对艺术俯首称臣。

最后，有人说他是纯粹的美学家，他唯一的宗教便是美，因为他确实一生热爱美。

另一方面，还有人说他称不上是艺术家，因为他在审美中掺入了别的思考，这些思考也许更有高度，但已经超出了美学范畴。《建筑的七盏明灯》第一章便规定建筑师须采用最珍贵、最持久的材料，并把这样做的理由归因于耶稣的献祭，以及这让上帝悦纳的献祭的永久条件，我们没有理由认为这些条件已更改，因为上帝并未明确告知我们。在《现代画家》一书中，为裁决色彩论与明暗论者孰对孰错，他所采纳的一个论据是："……从更广阔的角度观照自然，普遍性地将彩虹、日出、玫瑰、紫罗兰、蝴蝶、鸟雀、金鱼、红宝石、蛋白石、珊瑚等与鳄鱼、河马、……鲨鱼、蛞蝓、骨殖、菌类、苔藓，以及泛泛而言所有腐蚀性的、尖锐的、毁坏性的东西相比较，你就能领悟到对于色彩论和明暗论者的问题该如何取舍，哪边是自然与生命，哪边是罪恶和死亡。"

那么,既然关于罗斯金有这么多互相矛盾的说法,结论便是他本人就是自相矛盾的。

关于罗斯金面貌的这诸多侧面,我们最熟悉的一面,是我们所拥有的一幅肖像,可以说,也是付出了最多心血、最成功、最震撼和最广为人知的肖像,便是那个终其一生以美为唯一信仰的罗斯金。

罗斯金一生不曾停止对美的顶礼膜拜,这大概是不错的;但我认为他生命的宗旨,他深刻、隐秘而长久的意愿使他别有怀抱,我这么说并非为了反驳德·拉·西兹拉纳[1]的理论,而是为了防止读者以一种错误的却仿佛很自然的阐释低估之。

不仅罗斯金的主要宗教便是宗教本身(我稍后将再次谈到这一点,因为它支配并反映了他的美学观),目前只就其"美的宗教"而言,我们的时代必须警醒地认识到,如果我们想要正确地讨论罗斯金,就不能不先修正其被美学爱好者所赋予的含义。实际上,在这个唯美爱好者的时代,所谓美的膜拜者是这样的人,他所奉行的崇拜纯然是个人行为,他所认可的神只是美本身,因此他终生沉溺于对艺术

---

1. 罗伯特·德·拉·西兹拉纳(Robert de la Sizeranne, 1866—1932年),法国作家和艺术评论家,著有《罗斯金与美的宗教》。

品的痴迷观赏。

但是,出于一些原因——对这些原因纯粹形而上的探究将超出这篇短评的范畴——如果人们热爱美只是为了它所带来的愉悦的话,这热爱便难成正果。正如为幸福而寻求幸福只会令人乏味,要获得幸福必须找寻别的什么。同样,如果我们是为了美本身而热爱美,将之视为存在于我们身外、远比其带给我们的快乐重要得多的真实的东西,那么我们将额外获得审美的愉悦。罗斯金远非肤浅的美学爱好者,恰恰相反,他是卡莱尔[1]式的人物,天然警惕一切享乐的虚荣,灵启般本能地察觉到身边永恒现实的存在。这类人天赋超群,有能力将这现实系于全能和永恒,并满怀激情,如听命于灵魂一般奉献出自己短暂流逝的一生,只为赋予其价值。他们关切而焦虑地面对充满奥秘的宇宙,他们追随某种灵媒和某些声音,以天才的永恒灵感,凭借独有的天赋感知到这现实的一些部分。罗斯金的特殊天赋在于对美的感受力,无论在自然界还是在艺术当中。他的禀赋驱使他在美中追寻现实,将全部宗教生命

---

1. 托马斯·卡莱尔(Thomas Carlyle,1795—1881年),苏格兰评论家和历史学家。

投身于审美。但他并不将自己为之献身的美视为享乐品，而是将之视为无上重要的现实，宁愿为之献出生命。你会看到罗斯金的全部美学便来源于此。你首先要理解，他认识某个新的建筑或绘画流派的时刻构成了他道德生命的重要里程碑。在谈及哥特式建筑向他显现的年月之时，他就如基督徒谈到真理昭显的日子，带着同样的肃穆，同样的一再感动，以及同样的安详态度。他一生中的事件均是智性的，那些重要的日子则是这样一些时刻，比如当他洞察到一种新的艺术形式，当他看懂阿布维利[1]的那年，看懂鲁昂[2]的那年，还有他发现提香[3]的绘画及其上的阴影要比鲁本斯[4]的绘画及画上的阴影更加高贵的那天。

　　随后你要理解，对于罗斯金而言，就像对于卡莱尔，诗人只是眷写者，听命于自然，写下其比较重要的一部分秘密，而艺术家的第一要务就是丝毫

---

1. 阿布维利，法国北部城市，在那里发现了欧洲旧石器时代早期文化。
2. 鲁昂，法国北部城市，有著名的哥特式鲁昂大教堂。
3. 提香（Titian，1488—1576年），意大利文艺复兴时期威尼斯画派代表画家。
4. 彼得·保罗·鲁本斯（Peter Paul Rubens，1577—1640年），佛兰德斯画家，巴洛克艺术代表人物。

不将自己的想法加于这神示。从这个高度来看，对罗斯金的指责，无论说他是现实主义者还是理智主义者的论调，都可以像拖曳于大地的云彩一般消散了。这类批评乃是无的放矢，因为它们站位还不够高。它们搞错了目标的高度。艺术家必须记录的现实既是物质的又是精神的。物质是真实的，因为它是心灵的表达。没有人比罗斯金更擅长嘲讽那些认为艺术品是单纯模仿表象的人。他说："无论题材是英雄还是他的马，模仿所带来的单纯的愉悦都恰好是同样的程度（如果准确度可以相等的话）……我们可以跟随心意，认为眼泪是出于痛苦或出于艺术，但不能认为同时出于两者。如果我们把它当作艺术的眼泪而惊叹，就不可能把它当作痛苦的眼泪而感动。"如果说他如此看重事物的外观，那是因为单从外观便可揭示事物深刻的本质。德·拉·西兹拉纳出色地翻译过罗斯金的一段话，其中说到一棵树的"主要"线条可以让我们看出哪些讨厌的树木曾把它挤到一边，什么样的风曾折磨过它，等等。一个物体的形态不单单是其本质的形象，它还是其命运的钥匙和历史的痕迹。

这种艺术观念还带来了另一个后果，那就是：

如果现实是唯一的,天才是能够看到这现实的人,那么,他用来表现这现实的材料,无论是绘画、雕塑、交响乐、法律还是行为,又有什么重要呢?在卡莱尔的《英雄与英雄崇拜》中,卡莱尔将莎士比亚和克伦威尔[1],穆罕默德和彭斯[2]相提并论。爱默生[3]则将斯威登堡[4]和蒙田[5]一并列入他的《代表人物》。该观念的过火之处在于未能对反映这唯一现实的不同方式加以足够深刻的区分。卡莱尔说因为薄伽丘[6]和彼特拉克[7]是优秀的诗人,他们便一定是优秀的外交家。罗斯金犯了同样的错误,他说:"绘画之美在于其画面所表现的思想独立于画面的语言。"

---

1. 奥利弗·克伦威尔(Oliver Cromwell, 1599—1658年),英国政治家、军事家,英吉利共和国首位护国主。
2. 罗伯特·彭斯(Robert Burns, 1759—1796年),苏格兰诗人。
3. 拉尔夫·沃尔多·爱默生(Ralph Waldo Emerson, 1803—1882年),美国思想家、散文家、诗人。
4. 伊曼纽·斯威登堡(Emanuel Swedenborg, 1688—1772年),瑞典科学家、哲学家和神学家。
5. 米歇尔·德·蒙田(Michel de Montaigne, 1533—1592年),法国思想家、散文作家。
6. 乔万尼·薄伽丘(Giovanni Boccaccio, 1313—1375年),意大利文艺复兴人文主义作家、诗人。
7. 弗兰齐斯科·彼特拉克(Francesco Petrarch, 1304—1374年),意大利文艺复兴人文主义者、学者、诗人。

如果说罗斯金的思想体系有什么偏差,那在我看来便体现于此。因为绘画只有是非文学的,才能抵达事物的唯一现实,并以之与文学竞争。

罗斯金之所以宣称艺术家的职责便是仔细聆听天才的"声音",以明了何为现实以及如何摹写现实,因为他本人便体验过灵感中的真实、热情中的坚韧,以及崇敬中所蕴含的丰富可能。不过,尽管激起热情、引发崇敬并启迪灵感的东西因人而异,最终每个人都会为之赋予一种尤为神圣的特征。可以说,对于罗斯金,这启示和向导即为圣经。

在此,让我们在罗斯金美学的重心稍作停留,就像在一个定点。如此看来,他的宗教感指引着他的审美感。首先,对于一类观点,即认为他的美感因之而变质,认为他在对建筑、雕塑和绘画的欣赏中掺入了本不应有的宗教思考,我的回答是,正好相反,罗斯金在艺术品所激发的情感中深刻地体会到一种神圣,而这正是此种情感的深邃与独特之处,它决定了他的品位而不会使之改变。与人们常常认为的相反,他在表达此情感时怀着虔诚的尊崇,小心翼翼不加以丝毫歪曲,这使他从来不会在对艺术品的感受中掺入任何与之无关的矫饰思辨。因此,把他看成一个道德家或布教者,只会热爱艺术中非艺术的东西,或者无视他审美情感的深刻本质,将之混同于浅薄的享乐唯美派,这两种观点都是错误的。因而,最终,他的宗教热忱,作为他美学真诚性的标志,更加强化了这一真诚性,并使之免受任何外界的干扰。他超凡美学中的某一概念是否有误对我们来说无关紧要。所有对天才的发展规律略知一二的人都知道,天才更多是由其信仰的力量来衡量,而不在于这信仰的对象如何满足俗见。但既然罗斯金的基督教精神与其精神实质密不可分,他如此深邃的艺术爱好必然与之存在某种亲缘关系。因而,自然带给了他最大的欢乐,他对透纳风景画的热爱正呼应着他对自然的热爱,同样,与他思想中深刻的基督教本质相呼应的,是支配他一生及全部作品的对所谓基督教艺术——法国中世纪建筑与雕塑以及意大利中世纪建筑、雕塑和绘画等——的永恒钟爱。无须在其生活中寻找论据,他的作品足以证明他对这些艺术品的无私热情。他的阅历是如此丰富,以至他在某部作品中所显示出的最精深的学识在其他作品中常常不再被采用,甚至不曾提及,连轻微的暗示都没有,即使仍然恰如其分。他如此渊博，不仅将言论供我们借鉴，而且赠予我们不再收回。譬如，你知道他就亚眠大教堂写了一本书。你可能会得出结论，认为那是他最热爱或最了解的教堂。但在《建筑的七盏明灯》中，鲁昂大教堂提到四十次，贝叶[1]大教堂提到九次，亚眠则一次都未曾提及。在《阿诺河谷》中，他吐露最令他心醉的哥特式教堂是特鲁瓦[2]的圣于尔班大教堂。但在《建筑的七盏明灯》和《亚眠的圣经》中却只字未提该教堂。就《建筑的七盏明灯》不曾引用亚眠大教堂一事，你也许会猜想是否因为他临近生命结束时才认识亚眠？绝非如此。1859年，在肯辛顿的一次讲演中，他将亚眠大教堂的金圣母雕像同夏尔特尔[3]大教堂支撑西门廊的雕像进行了长时间的比较，认为后者在艺术技巧上稍逊，但具有更深刻的情感。我们会认为《亚眠的圣经》集中了他全部关于亚眠的思想，但在书中大量讨论金圣母雕像的篇幅里，他只字未提夏尔特尔大教堂的雕像。这便是他无尽的爱与学识。通常，一名作家会一再援引自己喜爱的

---

1. 贝叶，法国城市，有著名的圣母主教座堂。
2. 特鲁瓦，法国中部城市。
3. 夏尔特尔，法国城市。

例子，甚至重复某些阐发，这提醒我们面前是一个凡人，他有特定的生活，有某些特定的知识用以取代别的知识，他还会尽量利用自己有限的经验。但只要查看一下罗斯金著作的索引就可以知道，他总是引用新的作品，他会轻易舍弃仅用过一次的某样知识，甚至常常永不再用，这让我们感到某种超人之处，或毋宁给我们留下这样的印象，即每部书都是由不同的作者写就，他拥有不同的知识、不同的经验，以及别样的人生。

他用自己无穷无尽的财富从事着一场愉快的游戏，从他奇妙的记忆宝库中永远能取出新的珍宝：今天是亚眠大教堂珍贵的玫瑰窗，明天是阿布维尔门廊上的金色花边，又将它们融入令人目眩的意大利宝藏。

他确乎能够转换于各个国度，因为他膜拜过的蕴含在比萨的石头[1]中的灵魂也赋予了沙特尔的石头[2]以不朽的形式。对于从阿诺河岸延伸到索姆河岸的中世纪基督教艺术，没有人拥有像他那样的整体

---

1. 比萨，意大利西北部城市。此处的石头指比萨大教堂。
2. 沙特尔，法国厄尔－卡瓦尔省的省会。此处的石头指沙特尔大教堂，它是法国著名的哥特式天主教堂。

感，他在我们心中实现了那些伟大的中世纪教皇对"基督教的欧洲"的梦想。如果像人们所说，他的名字必然同拉斐尔前派[1]密切相连，那么我们应该明白这里所说的拉斐尔前派并非透纳之后，而是拉斐尔之前。如今我们可以忘记他对亨特、罗塞蒂、米莱斯的影响，但不能忘记他为乔托、卡巴乔、贝利尼[2]所做的贡献。他天神般的工作不在于唤醒生者，而在于使死者复生。

在一些篇章里，他的想象力不时以意大利的神奇反光照亮法国的石头，由此看来，中世纪基督教艺术的整体性难道不是时刻在显现吗？我们才刚刚看到他在《英国的欢乐》中比较亚眠大教堂中的慈爱雕像和乔托的"慈爱"壁画。在《哥特式的本质》中，且看他如何以鲁昂的圣马克卢教堂的门廊为例，

---

1. 拉斐尔前派，一译前拉斐尔派，1848年在英国兴起的美术改革运动，最初是由三名年轻的英国画家——威廉·亨特（William Holman Hunt, 1830—1896年）、但丁·罗塞蒂（Dante Rossetti, 1828—1882年）和约翰·米莱斯（John Millais, 1829—1896年）所发起组织的一个艺术团体，目的是反对那些在米开朗琪罗和拉斐尔的时代之后偏向了机械论的风格主义画家，这个团体受到罗斯金的支持和影响。
2. 乔托·迪·邦多纳（Giotto di Bondone, 1266—1337年）、维托雷·卡巴乔（Vittore Carpaccio, 1465—1526年）、乔凡尼·贝利尼（Giovanni Bellini, 1430—1516年），意大利文艺复兴时期画家。

将意大利哥特式和法国哥特式建筑对火焰饰的处理进行比较。在《建筑的七盏明灯》中，请看意大利的色彩是如何变幻于这同一座门廊的灰色石头。

　　龛楣浮雕的主题是"最后的审判"，其地狱部分令人生畏的恐怖威力让我只能将之描述为奥尔卡尼和霍加斯[1]精神的混合体。那些恶魔可能比奥尔卡尼笔下的更加可怕；对极端绝望中堕落人类的表现也至少能与英国画家贺加斯相媲美。表达愤怒与恐惧的想象力同样狂野，甚至体现在对所有形象的排列方式。一名恶天使扇动翅膀，带领被判罪的众人从审判座前经过……这些人在其如此狂躁的驱赶下，不仅被逼到雕刻家安排在龛楣另一处的该场景的尽头，而且还超出龛楣进入拱顶的壁龛；追随他们的火焰仿佛在天使翅膀的猛击下弯曲，也一路迸发着直冲入壁龛，最下面的三个壁龛被描绘成

---

1. 奥尔卡尼（Orcagna，1308—1368年），意大利画家、雕刻家、建筑师；威廉·霍加斯（William Hogarth，1697—1764年），英国油画家、版画家、艺术理论家。

正在熊熊燃烧的样子，其通常呈拱形凸起的顶部各被一个恶魔占据，他合拢翅膀，从阴影外向下狞笑。

在不同种类的艺术和不同国家之间进行的这种类比还不是他思考中最为深刻的。存在于异教形象和基督教形象中某些宗教思想的同一性一定使他深受触动。阿利·勒南[1]十分深刻地指出古斯塔夫·莫罗的普罗米修斯含有耶稣的元素。对基督教艺术的虔诚并未让罗斯金轻视异教艺术，他怀着审美感和宗教感比较了圣杰罗姆[2]的狮子与尼米亚雄狮[3]、维吉尔与但丁[4]、参孙[5]与赫拉克勒斯、忒修斯与黑王子[6]

---

1. 阿利·勒南（Ary Renan，1858—1900年），法国艺术家、评论家。
2. 圣杰罗姆（St. Jerome，约340—420年），古代基督教学者、圣徒，传说他为一头狮子除去了爪上的荆刺而与之为友。
3. 希腊神话中大力神赫拉克勒斯在尼米亚杀死的一头雄狮。
4. 维吉尔（Virgil，公元前70—前19年），古罗马诗人；但丁（Dante，1265—1321年），意大利诗人，文艺复兴先驱。
5. 参孙，《圣经》中的人物，古犹太人领袖之一，以身强力大著称。
6. 忒修斯，希腊神话中的雅典国王；黑王子爱德华（Edward the Black Prince，1330—1376年），英格兰国王爱德华三世之子，英法百年战争中战功卓著者。

和以赛亚与库米女预言家[1]的预言。此处自然不必将罗斯金和古斯塔夫·莫罗相提并论，但我们可以说，由于熟谙原始文艺复兴[2]作品而产生的一种自然的倾向，使他们两人都反对在艺术中表现狂暴的情感，也使他们在研究象征形象时对其本身的崇拜带有某种拜物性，不过这种拜物性无甚危险，因为他们的思想深系于那些形象所象征的情感，故而可以在各个形象间转换，不会为纯粹表面的多样性所羁绊。说到在艺术中全面禁止表现狂暴的情感，除了《米开朗琪罗与丁托列托之关系》中的篇章，哪里还能找到对阿利·勒南[3]称为"美丽的静滞"原则的更好定义[1]？难道不正是对中世纪法国和意大利艺术的研究使他对象征形象产生了几乎排他的膜拜吗？由于他在艺术品之下寻找的是时代的灵魂，夏尔特尔教堂大门的雕像与比萨壁画之间的相似之处必然

---

1. 以赛亚，《圣经》中的人物，公元前8世纪希伯来预言家；库米女预言家，希腊神话中的女预言家。
2. 此处应指"意大利原始文艺复兴"，即意大利文艺复兴前时期（约1300—1400年）。
3. 此处指勒南的著作《古斯塔夫·莫罗》，勒南在其中总结了莫罗的两种绘画风格：美丽的静滞（la belle inertie）和必要的丰富（la richesse nécessaire）。

会触动他，让他认为这表明了艺术家的典型精神独创性，而其不同之处则恰好证明这独创性之多样。换成任何其他人，审美感受都有可能被推理所消减。但对他而言，一切皆为爱，他心目中的圣像研究（iconography）不妨称为圣像崇拜（iconolatry）。在这一点上，艺术批评让位于可能更加崇高之物；它几乎具有科学的程序，是对历史的贡献。就艺术史乃至文明史的嬗变而言，出现在教堂门廊上的某一新的特征对我们的启发与出现在地球上的新物种对地质学家的启发同样深刻。大自然的鬼斧神工并不比艺术家的雕刻给予我们更多教诲，一件保存着古老神怪的石刻也并不比一件表现新神的石刻让我们获益更多。

从这个角度看，伴随罗斯金文字的绘画意义重大。在同一个图版上你可以看到出现在利雪、巴约、维罗纳和帕多瓦[1]的同样的建筑图案，就好像某一品种的蝴蝶在不同天气下的变种。但他如此热爱的石块对他来说从来不是抽象的例子。每一块石头上都凝聚着当下的细微变化与许多个世纪的色彩。他告

---

1. 利雪、巴约，法国西北部城市；维罗纳、帕多瓦，意大利城市。

诉我们:"……赶在太阳从塔尖落下之前沿着街道再跑去看看阿布维尔的圣维尔佛朗大教堂,这样的时刻让我们珍视过去,直到最终。"他走得甚至更远;他没有区分大教堂、河流与山谷构成的背景,在走近的旅行者眼中,大教堂仿佛从中浮现,就像在原始文艺复兴绘画中那样。在这方面最具启发意义的是题为《亚眠,亡灵日》的素描,复制于《我们的列祖告诉我们》[1]中的第二幅版画。在那些因为罗斯金的停驻而不朽的城市,如亚眠、阿布维尔、博韦和鲁昂,他或者在教堂("不受教徒们的干扰"),或者在露天写生。他领着素描者和版画家们穿梭在这些城市,那该是多么迷人而飘忽的一群人,就像柏拉图为我们描绘的跟随普罗泰哥拉[2]辗转于各个城邦的智者,又仿佛那一群群喜欢栖息在教堂的古老屋顶和塔楼上的燕子。也许我们还能与罗斯金的一些弟子相遇,他们伴随他去到重新皈依的索姆河岸,

---

1. 《我们的列祖告诉我们》是罗斯金的著作,《亚眠的圣经》实际上是其中的第一卷。
2. 普罗泰哥拉(Protagoras,约公元前490—前420年),古希腊哲学家,智者派的代表人物。

好像回到了圣费尔明和圣萨尔瓦[1]的时代，他们用速写代替笔记，聆听这位新使徒的言谈以及他像讲解《圣经》一般讲解亚眠，这些优美的记录也许还保存在某座英国博物馆，我猜想它们会以维奥莱-勒-杜克[2]的风格对现实加以轻微改动。《亚眠，亡灵日》这幅版画似乎美得有点不真实。这仅是透视造成的吗？它使观者从加宽的索姆河岸看过去，亚眠大教堂和圣洛教堂的距离被拉近了。不错，罗斯金可能会再次把他在《鹰巢》中引用过的透纳的话拿来回答我们，德·拉·西兹拉纳将之翻译如下：

> ……早年的透纳心情好时会向人展示他的创作。一天他正在画一幅普利茅斯港的画，其上可见逆光处一两英里外的一些船只。他向一位海军军官展示这幅画，那军官惊奇地端详了一阵，带着十分正当的不满抗议说那些船只没有舷窗。"没有，"透纳说，"当然没有。如果你登上艾支康布山，逆着夕阳观看那些船

---

1. 圣费尔明（St. Firmin）、圣萨尔瓦（St. Salve），基督教圣徒。
2. 维奥莱-勒-杜克（Viollet-le-Duc，1814—1879年），法国哥特复兴式建筑代表人物。

只,你会发现你是看不到舷窗的。""不错,可是,"海军军官仍然不满地说,"你明知是有舷窗的。""是的,"透纳说,"我很清楚;但我的工作是画我所看到的,而非我所知道的。"

如果你在亚眠,朝着屠宰场的方向,你会看到和版画里一样的景象。你会看到,距离以艺术家美妙的虚构方式改变了建筑物的布局,但如果你走近些,它们又恢复到最初的位置,与先前十分不同。比如,你会看到一座供水装置的形状叠印在大教堂的正立面,因而从立体空间产生出一种平面效果。但如果你发现饶有意味的景象与罗斯金的画作有所不同,不妨归咎于罗斯金离开后近二十年的时光给城市外观带来的变化,就像他本人谈到他热爱的另一处景象:"从我上次作画或者思考之后,那里有了许多改观。"

但至少《亚眠的圣经》中的这幅版画会在你的记忆中拉近索姆河岸和大教堂,比你亲眼所见距离更近,无论你身处城市的哪个位置。这幅画比我所能说出的一切都更好地证明,罗斯金从不将大教堂之美同其所处的风景分割开来,每个参观者仍能体味其充满诗意的独特魅力,以及在那里度过的下午时分或朦胧或金色的回忆。不仅《亚眠的圣经》的第一章命名为《河水之畔》,罗斯金计划撰写的关于夏尔特尔大教堂的书也将题为《厄尔之泉》。因此他绝不仅仅在绘画中才将教堂置于河岸,而是将哥特式大教堂的壮美同优美的法国风光联系起来[2]。我们会更敏锐地感受到一处风景的个性魅力,如果我们没有那魔法靴似的高速火车的话,如果我们还像从前那样,为抵达某个偏远之地,不得不穿越乡野,就像穿越一片与我们的目的地渐趋相似的渐进和谐之地,这使我们的目的地与异地更加隔绝,并温柔而神秘地保护着它,从而不仅将它笼罩于大自然之中,也让我们在头脑中为看到它做好了准备。

罗斯金对基督教艺术的研究看来既验证又反证着他的基督教思想,以及其他我们在此无法阐发的思想,其中最著名的,即他对机械主义和工业艺术的厌恶,我们会稍后留给罗斯金本人给出定义。"一切美好的事物都创造于中世纪,那个人们**笃信基督教之纯粹、欢乐与美好教义**的时代。"从那之后他认为艺术随着信仰一同衰落,技巧取代了情感。他看到创造美的力量是信仰时代的专利,于是只会更强烈地信奉信仰之善。他最后的著作《我们的列祖告诉我们》的每一卷（只有第一卷已完稿）都将包括四章，其中前三章讨论信仰，最后一章研究因信仰而诞生的杰作。就这样，孕育了罗斯金审美情感的基督教受到他的无上推崇。当他引领一位新教徒女读者来到圣母像前的时候，他取笑道："她该理解，无论是圣母崇拜还是任何其他女性崇拜……都从未给任何人带来伤害"，或者，他在圣奥诺雷的雕像前哀叹，"在以他命名的巴黎市区，人们现在很少谈起"这位圣徒，此后他很可能会这么说，就像《阿诺河谷》的结尾处那样：

如果你全神贯注于造物主对人类境遇的要求，"哦人，他已向你显示何为善；主向你要求的难道不就是公正、慈悲、谦卑地与上帝同行吗？"你会发现遵信总会得到现世的福报。如果你摒弃那可悲可悯的残酷野心，那无所皈依的轻慢信仰，而去关注那些无人在意的芸芸众生，关注他们在沉默中的劳作，谦卑中的膜拜，就如基督教王国的白雪带来了耶稣诞生的回忆，或春日阳光令人联想到他的复活，你就会明白伯利恒天使的许诺真正实现了；你就会祈祷，你那如阿诺河岸一般充满欢乐的英国田野将其最纯洁的百合供奉给圣马利亚。

最后，罗斯金的中世纪研究与他对信仰之善的坚持共同证实了他的信念，即人应有自由、欢乐与个体化的劳作，免除机械主义的干扰。为更好地理解这一点，我不妨摘录一段极具罗斯金特点的文字。他谈到的是鲁昂大教堂藏书庭门廊处，湮没于数百个微型雕像中一个仅几厘米高的小人像。

> ……这家伙狡黠的神情中带着不安和困惑；他的手用力压着自己的面颊骨，眼睛下面的肌肉因这压力皱了起来。如果把它同精细的版画相比，它的整体形象看上去的确拙劣粗糙；但考虑到它只是用来填充教堂大门外部的缝隙，而且是三百多个雕像中的一个（我的估计还不包括外部基座），它证明了当时艺术中蕴含的极为高贵的生命力……
>
> 我们有些劳作是为了谋生，那需付出辛苦；其他工作是为了乐趣，那需献出热忱：这两种

工作都需要意志的力量，不能够三心二意；不值得付出如此努力的便根本不必去做。也许我们所做的一切只不过是为了锻炼心灵和意志，其本身并无多少用处；但无论怎样，如果不值得我们动手劳力，那它真的就毫无做的必要了。同我们永恒精神之权威不相称的投机取巧，或者在永恒精神及其所主宰的万物之间塞入任何不必要的器具，这都不能使我们不朽；如果可能的话，情愿用器械代替自己的双手去创造的人也会送给天堂里的天使们一些手摇风琴，以便他们更轻松地演奏乐曲。人类生活已然充斥着白日梦、世俗性和感官性，我们无须将罕有的闪亮时刻转化为机械；既然我们的生命充其量不过如水汽般转瞬即逝，那就让它至少像高空的云朵般浮现，而不是像笼罩在熔炉和转轮之上的黑色浓烟。

我承认，在罗斯金去世时重读这段文字让我产生了去看一看这个小人像的欲望。于是我去了鲁昂，仿佛听命于某种嘱托，仿佛罗斯金在临终时将这可怜的造物托付于他的读者，这造物因他的文字而复生，又在不知情中永远失去了他，这个像最初的雕刻者一样塑造其生命的人。但当我走近那座巨大的教堂，站在阳光沐浴下满是圣徒像的门前，我向上看，从饰有闪耀的国王雕像的柱廊一直到我以为空无一物的最高处，就在那里，一位隐修士离群索居，任鸟儿在他的额上停留，另一处，在一群鸽子飞翔的翅影下，一众使徒正在聆听身边一位合拢翅膀的天使的预言，距此不远处，一个背负孩童的人像正以一种突兀却亘古的姿态转过头来；当我看到，居住在这座神秘城垣中，栖于门廊前或塔楼露台，在阳光或晨荫下呼吸的成排石刻，我意识到我不可能在这非凡的群像中找到一个几厘米高的人像。不过我还是去了藏书庭门廊处。但如何从数百座雕像中认出那一个小人儿呢？突然，年轻有为、前途远大的雕塑家伊特曼夫人对我说："这个看起来很像。"我们的视线稍往下看，看到……就在那儿。它还不到十厘米高。已相当残损，但那目光仍在，石头上仍然保留着表示瞳孔的洞，那表情让我认出它来。就在那儿，在上千座雕像中，一位已死去数百年的艺术家留下了这个小人儿，它每天死去一点，它早已死去多时，永远湮没在那众多雕像中。但艺术家把它安放在那儿。一天，来了一个人，对于这个人而言，不存在死亡，不存在物质的无穷无尽，不存在遗忘，他把压迫我们的虚无远远抛开，去追求支配他一生的目标，那些他无法全部实现而我们却缺乏的目标，这个人来了，在那波浪般的石雕中，无数微小的雕像如海上泡沫般参差仿佛，他从中看出了生命的全部法则，灵魂的全部思想，他逐一叫出它们的名字，说着："看，这是这个，这是那个。"正如不远处的审判日主题雕刻，他的声音如天使长的号角一般回响："活过的将永存，万物皆为虚空。"的确，就像不远处龛楣上雕刻的逝者，他们被天使长的号角唤醒，起身复形，复活，清晰可辨，同样，那小人像也再次复活，恢复了目光，审判长说："你已活过，你将存活。"就罗斯金而言，他并非不死的法官，他的肉身会死；但那有什么！他从事着不朽的工作，就好像他不会死去，对这占用了他时间的物体的大小丝毫不以为意，并且，虽然只有一次人生，他却将数日时光消磨于一座教堂上万雕像中的一个。他画下它来。他毫不在意自己已近暮年，对他来说，它应和着头脑中旋转的思想。他画下它，谈论它。这丑陋而与世无争的小人像于是出人意料地从仿佛最彻底的死亡中复苏，这死亡曾令它湮灭于无数因相像而寂寂无名的群体，天才又同样迅疾地让我们从中挣脱。在那里重新发现这小人像，我们无法不动容。它好像还活着，注视着，或毋宁说就在注视中被死亡攫去，就像那些生命戛然终止的庞贝人。实际上，被静止的石块凝固于此的乃是雕刻者的思想。在那里再次发现它让我感动；活过的永远不死，无论是雕刻者还是罗斯金的思想。

与这小人像的邂逅对罗斯金而言是必要的，他罕有的几幅作为插图（《建筑的七盏明灯》）的版画之一便以它为主题，因为对他来说它是其思想真实而持久的一部分，这邂逅对我们而言则是愉快的，因为他的思想与我们在途中相遇，对我们来说不可或缺，指引着我们，我们感到自己同那些在龛楣上雕刻"最后的审判"群像的艺术家心意相通，他们相信作为个人及其意志最独特之处的个体性不会死去，而是保存在上帝的记忆中，终将复活。哈姆雷特和掘墓人，一个看到的仅仅是个头骨，另一个因之浮想联翩，他们两人谁对呢？科学会说：掘墓人；但它忽略了莎士比亚，他会令这冥想的回忆持续下去，即使那头骨已成灰烬。在天使的召唤下，每个死者都停留在那里，各得其所，而我们以为他们早已归于尘土。在罗斯金的召唤下，我们看到了那个最小的人像，它构成一个微小的四叶饰，从其形态中复生，以其不变的目光，那仅占据了岩石一毫米见方的目光凝视着我们。无疑，可怜的小丑八怪，眼拙的我本无法从这城市成千上万的石块中找到你，辨认你，还你以个性，唤醒你，令你复活。这无穷、无数、虚无压垮了我们，但并非因为它们过于强大，而是我的心灵不够强大。不错，你真是毫无美感。我本来永远不会注意到你凄苦的面容，甚是无趣的表情，不过你当然有，就像每一个人都有他人从不具有的表情。但既然你曾活过，以同样歪斜的目光凝视过，能让罗斯金注意到你，并在他说出你的名字之后，让他的读者能认出你，那么你现在是否活得足够，是否被爱得足够？虽然你面容丑陋，但人们想着你的时候只会充满温情，因为你是活的造物，因为在那漫长的世纪里，你早已死去，毫无复活之望，又因为你复活了。这些天也许会有另一个人在那门廊上寻找你，温情注视你已复活的歪斜丑怪的面孔，因为唯有出自一个人心灵的东西会在某一天触动另一个心灵，后者又吸引了我们的心灵。你是对的，待在那儿，无人问津，逐渐坍裂。在那物质中你只不过是虚无，毫无指望。但小小人像无须惧怕什么，死者亦然。因为有时神灵会造访尘世；他所过之处死者复生，几乎被忘却的小小雕像重新凝眸注视着生者，生者为了它们抛下世间的行尸走肉，只在神灵启示之处，在早已化为尘土却仍然包含着人类思想的石块中找寻生命。

阳光以其飘忽的微笑投向那亘古的美丽，这个人则将古老的教堂笼罩在他比阳光还要慷慨的爱与欢乐之中，他是不会错的，如果我们用心倾听他的话。精神世界就如同物理世界，一座喷泉的高度不会超过水注最初开始降落之处。文学之大美对应着些什么，在艺术中激情也许便是真理的标准。假设作为批评家的罗斯金对一部作品价值的评判有时不甚精准，但他错误判断中的美常常比他所评判作品的美更为重要，并对应着一些虽非作品本身，但毫不减损其珍贵的东西。罗斯金论及"亚眠的优美基督"雕像[1]时说："没有一座雕像能够或应当满足一个信仰基督的热忱灵魂的希望；但这座雕像之温柔

---

[1] "优美基督"是亚眠大教堂西立面中门廊中心的一座基督雕像。

慈爱在当时无出其右。"于斯曼先生[1]则将这座雕像称为"羊脸美男",我们并不认为罗斯金说的是错的,也不认为于斯曼说的是对的,但孰对孰错无关紧要。那"亚眠的优美基督"是否如罗斯金所想,这对我们并不重要。正如布封[2]所说:"(一种优美风格)所包含的全部智性美以及组成它的全部关系,也都是真理,对于公共精神而言,这些真理比起那些可以构成主题内容的真理,是同样有用的,而且也许更为宝贵。"那么,在《亚眠的圣经》中,那些描写亚眠大教堂优美基督像的篇幅之美自有其真理和价值,独立于雕像本身之美,但罗斯金若以轻慢的态度讨论它们,他便无从发现这些真理,因为热情本身足以令他拥有发现真理的力量。

他奇妙的灵魂是怎样忠实地反映宇宙,谎言又是以怎样迷人诱惑的形式潜入了他智性诚实的深处,这些我们将永远无从知晓,而且无论如何也无法在此追索。无论答案如何,如果我们想要对新的一部

---

1. 若利斯-卡尔·于斯曼(Joris-Karl Huysmans,1848—1907年),法国小说家、艺术评论家。
2. 乔治·布封(Georges Buffon,1707—1788年),法国博物学家、作家。引文出自他1753年入选法兰西学士院的就职演说《论风格》。

分美有所了解和热爱,那么我们中间即便是天赋聪慧者也需要"天才"的指引,罗斯金便是天才之一。我们这代人在思想交流中所说的许多话都带有他的印记,就好像硬币上印着当今君主的肖像。他在冥界继续启迪着我们,如同那些早已熄灭的星辰,其光芒仍然照耀着我们,我们可以把他在透纳去世时所说的话用到他身上:"透过那幽深坟茔中永远闭合的双眼,尚未降生的后世将看到自然。"

"谎言是以怎样华美而迷人的形式潜入了他智识诚实的深处……"我想说的是:罗斯金本人在《艺术演讲》中对偶像崇拜(idolatry)做了最好的定义:"我大体上这样认为,尽管那其中确实存在善,因为每种大恶都在其逆流中带有些许的善——我认为,无论是在异教的还是基督教的土地上,无论是体现为华丽的言辞还是色彩,抑或美妙的形式,艺术实践的致命功能在深层意义上确可称为偶像崇拜——它令我们全心全意服侍于我们为自己创造的一些或珍贵或悲伤的幻象,同时却违背了主耶稣的现世召唤,他没有因此死去,也没有晕倒在十字架下,而是要求我们捐起我们自己的十字架。"

在罗斯金全部工作的基础,在他天才的源头,看来确实存在着这种偶像崇拜。无疑他从未允许这偶像崇拜完全遮盖——即便是作为点缀——他智性和道德的诚实,从未完全使之僵化、瘫痪并最终毁掉它。他写下的每一行字,如同他生命中的每一刻,都令人感到他对诚实的追求,他以之对抗偶像崇拜,宣示其虚无,让美屈从于义务,即便这义务缺乏美感。关于这一点我不会从他的生活中寻找例证(他不同于审美先于道德的拉辛、托尔斯泰或梅特林克,在他的生命中,道德感从一开始就在其美学思想的核心确立了特权——并且从未像我刚刚提及的这些大师那样完全摆脱道德)。我无须重复这道德感的各个阶段,它们已广为人知,比如早年他会忌讳在观看提香画作的时候喝茶,直到后来,他把父亲留给他的五百万全部投入社会和慈善事业之后,决心卖掉透纳的作品。但他更多是倾向于内在精神的唯美爱好者,而非倾向于行动(他已将之克服),他的偶像崇拜和他的诚实感之间的真正决斗并不发生在他生活的某些时刻,也不在他著作的某些段落,而是贯穿他的一生,在那些最幽深隐秘之处,几乎不为我们所知的地方,在那里,我们的个性从想象中获取意象,从理智中获取思想,从回忆中获取词语,不断做出选择以证明自己,在某种意义上不断地赌上我们的道德与精神生活之命运。我感到在那些地方,罗斯金一直在犯下偶像崇拜之罪。他鼓吹诚实,却缺乏诚实,这并非体现在其所说,而在其言说的方式。他的教诲是道德的而非审美的,但他的选择却是基于美。由于他想呈现的并非其美而是其真,他便不得不就选择它们的真正原因对自己撒谎。由此他不断地违背良心,以至于就其思想的一贯性而言,倒不如诚实地鼓吹不道德的信条,因为这样做的危险性也许比言不由衷、屈从于他不曾承认的审美偏爱的道德教义要小。每当他决定如何解释一件事,如何评价一件作品,以及如何遣词造句时,他总是不间断地犯下这偶像崇拜之罪,最终导致其全心投入的精神屈从于虚伪的态度。为使读者更好地评判罗斯金的障眼法——出自他笔下的障眼法不但为别人,也为他自己——我将引用在我看来他的一段最美但也最彰显其罪过的文字。你会看到,如果说**在理论上**(在表面上,也就是说一名作者思想的内容始终是表象,其形式则是现实),美是从属于道德感和真理的话,在实际上则是真理和道德感从属于美感,一种被那无休止的妥协所扭曲的美感。下列引文的主题是"威尼斯衰落的原因"。

大理石凿就透明的力量,拱门排列如虹彩,这并非为了挥霍财富,也并非为了虚荣地满足感官欲望或人生的成就感。在那色彩中铭写着一个预言,它曾经写在血液里;在那穹顶回响着一个声音,它有一天将回荡在天堂的穹顶——"他将回来做出判决并带来公正。"他让威尼斯强大,只要她将之铭记:当她遗忘,她将毁灭;她无可挽回地毁灭了,因为她毫无理由地遗忘。从没有一座城市拥有过如此光彩夺目的《圣经》群像。在北方的国度,庙宇中充斥着粗糙阴郁的雕像,形象混乱而难以辨认;但在威尼斯,东方的技艺和珍宝为每一个字母镀金、为每一幅书页敷彩,直到那圣殿书如同伯利恒之星一般在远方闪闪发光。在其他城市,人们常常在与宗教无关的地方聚会,引发暴力和变乱;在那些危机四伏的城墙的茅草中,那些尘土飞扬的街道上,也曾签订协议,举行会议,我们即便不能为之正名,有时尚可宽宥,但威尼斯的罪恶,无论是在宫殿还是在广场,都是在她右侧的皇皇圣殿书之前犯下的。篆刻着箴言的大理石墙与保护城市议会或关押着政治犯的高墙近在咫尺。当她在最后的时光抛下一切羞耻与约束，当城市广场充斥着全世界的疯狂，请记住她的罪行更加严重，因为这罪行就发生在闪耀着律法之光的上帝的殿堂之前。骗子们和戴假面具者狂笑着肆意横行，随之而来的是并非没有预警的沉默，因为就在这一切当中，圣马可大教堂白色的穹顶穿越无数个世纪积累的虚荣和腐烂的罪恶，对威尼斯昏聩的双耳说："记住，上帝会为这一切唤你接受审判。"

如果罗斯金对自己完全诚实的话，他就不会认为威尼斯人的罪行要比其他人的更加不可宽恕，应当受到更加严厉的惩罚，只是因为他们的教堂不是用石灰岩而是用华彩的大理石建成，因为总督的宫殿就在圣马可大教堂旁边而不是在城市的另一边，还因为在拜占庭的教堂里，《圣经》的字句不是像北方教堂那样朴素地雕刻出来，而是饰以镶嵌字母来摘录福音书或预言录。不错，这段出自《威尼斯之石》的文字非常优美，尽管难以说明缘由，但这美在我看来是建立在一些错误之上，我心存疑虑，不愿任其裹挟。

但这其中必有真理存在。在严格的意义上没有完全虚假的美，因为伴随着对真理的发现而产生的愉悦正是审美愉悦。难以判断的是这段文字给读者带来的强烈愉悦感所对应的是何种真理。这段话本身便是神秘的，同时充满了美和宗教的意象，正如在那座圣马可教堂，出自《旧约》和《新约》的形象都显现在一种华美的幽暗和明灭闪烁的光辉中。我记得我第一次读到这段文字时恰置身于圣马可教堂，在一个风雨大作的晦暗时分，那些镶嵌画只靠其自身的物质之光，其内在的、尘世的和古老的金色而闪耀，即便是威尼斯的太阳，那令钟楼上的天使仿佛在燃烧一般的太阳都无法再使其增色；我在这些映衬着四周黑暗的明亮的天使中间读到这页文字，感受到十分强烈的情感，但也许并不十分纯粹。我因这些美丽而神秘的形象而倍感欢乐，但当我看到其光环笼罩的前额旁镌刻的拜占庭手写体经文时，那欢乐却因读此经文所产生的学识上的愉悦而变质了，同样，罗斯金的意象之美因他对《圣经》的夸耀指涉而更加精彩，却也遭到了损害。在这掺杂着博学和艺术的欢乐中难免带有某种自恋，审美愉悦也许更加强烈，但无法保持纯粹。《威尼斯之石》中的这页文字之美也许恰在于它让我感到了在圣马可教堂所感到的那种混杂的欢乐，它正像那座拜占庭教堂一般，在其镶嵌画般的文体意象镌刻着《圣经》语录，在阴影的映衬下灼灼耀目。更何况，这段文字难道不是正如圣马可教堂的镶嵌画吗？其目的在于说教而不在于艺术之美。如今它带给我们的除了愉悦别无他物。但这说教带给学者的乃是一种自私的愉悦，而艺术家所感到的最无私的愉悦仍然来自被那些仅以教育民众自诩的人所轻蔑或无视的美，他们倒也将这美额外地带给了艺术家。

在《亚眠的圣经》最后一页，"如果……你会记得那承诺"这段话是一个类似的例子。还是在《亚眠的圣经》里，罗斯金用下面这句话结束关于埃及的部分："她是摩西的导师和基督的女主人"，我们可以接受摩西的导师这一说法：为了教育的目的进行一些说教是必要的。而基督的"女主人"一说也许能为句子增色，但它真的适用于对埃及精神美德的理性评估吗？

我一直在与自己最珍视的审美印象搏斗，试图将智性的诚实推向其最残酷之极限。还需要补充说明这一点,即如果我在某种绝对的意义上对罗斯金有所保留的话,那并非就其作品,更多关乎其作品的灵感与美的本质,而在我心目中他仍然是一切时代和国度最伟大的作家之一吗?我并非是要揭露罗斯金个人的某个缺点,而是试图从他身上去捕捉人类精神的根本缺陷,他就像一个尤为适合作为观察对象的"主题"。读者一旦完全理解了这"偶像崇拜"的含义,他便会明白为什么罗斯金在艺术研究中极其关注艺术品中的字迹(我在"序言"中过于简略地指出了他重视文字的另一个原因),还有他对"不敬的"和"傲慢的"这两个词的误用及其所揭示出的精神状态:"我们无须破解的秘密,或我们出于傲慢想要攻克的困难","别让艺术家相信选择的精神,那是一种傲慢的精神","一个不敬的人可能会认为中殿太窄,而不是拱顶太高",等等。我想到了这偶像崇拜(我也想到了罗斯金将句子均衡排列时感到的愉悦,似乎这种均衡为他的思想带来了对称感,而不是由思想来指导语句的对称)[3],当我这样说的时候:"谎言是以怎样令人迷惑的形式潜入了他智性诚实的深处,这是我不必追索的。"但正好相反，我本该去追索，而如果我继续躲在这种十足是罗斯金式的表达崇敬的语式之后的话，我会犯下同样的偶像崇拜罪。这并非我不了解崇拜的益处，它正是爱的条件。但当爱终止时，崇敬永远不能代替爱，让我们可以不加辨别地相信，并因信任而崇拜。况且罗斯金会第一个赞同我不赋予他的文字以无上权威，因为他甚至对《圣经》都拒绝这权威："……将绝对真理与任何形式的人类语言相关联是不可能的……"，但他喜欢"崇敬"的态度，他相信"破解秘密是傲慢的"。为把偶像崇拜的问题做一个了结，也为了更加确认我和我的读者之间不再有误解，我想请出一位我们这个时代最为人所称道的人物（他在其他方面与罗斯金大相径庭），他在其谈话而非作品中表现出了这个错误，而且表现得如此淋漓尽致，很容易让人辨认并展示，并不需要费力放大。他在谈话中甜蜜地忍受着偶像崇拜的折磨。曾听过他谈话的人会发现我的"模仿"颇为生硬，全无他的风趣，不过大家仍然能从下文猜出我想以哪一位为例。这个人曾满心钦佩地发现一位悲剧女演员所穿衣裙与古斯塔夫·莫罗的画作《年轻人与死神》中死神所穿是同样的衣料，或在一位女性友人身上发现

"卡迪央王妃初遇大丹士[1]那天的长裙和发型"。他在看到那位女演员的衣料或者那位上流社会女子的长裙时为这高贵的联想而感动,惊呼:"多美啊!"但这美并非衣物之美,而是因为它出于莫罗的画作或巴尔扎克的描写,因而变得永恒神圣……对偶像崇拜者而言。在他的卧室你会看到供养在瓶中或由其画家朋友绘在墙上的荷包牡丹,因为韦兹莱[2]的圣玛德莱娜教堂上雕刻着同样的花朵。对于一件曾属于波德莱尔或米什莱或雨果的物品,他怀着同样宗教般的崇拜之情。我们的偶像崇拜者从这种敬奉中发现了一种特殊的快感,它引领并启发他,让他的即兴谈话充满风趣,令我极为享受以至沉醉,因而丝毫不愿就此与他争执。

但与此同时,我自问,这无与伦比的谈话者——还有任他引领的听众——是否同样犯了不诚实的罪;是否因为一朵花(西番莲[3])上带有基督受

---

1. 巴尔扎克小说《卡迪央王妃的秘密》中的人物。
2. 韦兹莱,法国城镇。
3. 西番莲的拉丁语名是 *passiflora*,意为受难花,表示耶稣受难,源于欧洲人在南美发现这种花上的紫须好像耶稣被钉十字架时头上的荆棘,十片花瓣则象征十诫。

难的印记，把它送给异教徒便是渎神，或者一所房子是否因为巴尔扎克居住过（如果那里没有留下什么东西能提供与他有关的信息）就更美。仅仅因为一个女子的名字同《吕西安·娄凡》[1]的女主角一样是巴蒂尔德，难道我们就真的应该，除了赞美这名字的品位之美，更偏爱她吗？

卡迪央夫人的服饰是巴尔扎克的美妙发明，因为它让我们了解她的艺术趣味，以及她希望对大丹士造成的印象和她的一些"秘密"。但是一旦去除了它所包含的意义，它就只不过是一个去掉了含义的符号，亦即空无；如若继续对之顶礼膜拜，甚至在一个现实生活的女人身上发现它时迷醉不已，那就是真正的偶像崇拜。这是艺术家们钟爱的智性之罪，他们中很少有人不为之倾倒。当你看到这让他们创造出多少美妙作品的时候，有福的罪过啊！你会情不自禁这样说。但至少他们不该毫无反抗地屈服。自然界任何一种形式，无论多美，其价值均只在于它自身所体现的那一部分无限之美；就连苹果花和粉色山楂花亦然。我对这些花儿充满无限的爱，

---

1. 《吕西安·娄凡》，司汤达小说，又名《红与白》，与《红与黑》是姊妹篇。

每年春天因靠近它们而来的苦恼（花粉病）证明这爱并非人人能及。但即使是对这些花儿，这些几无文学意义，无关任何美学传统的花朵，它们并非罗斯金所谓的"出现在丁托列托某幅画中的现实的花朵"，也并不出现在我们那位同代人会提到的列奥纳多［·达·芬奇］的某幅素描中（在他为我们揭示的许多事物中，有一样就是现在人人谈论但在他之前无人注意的——威尼斯学院美术馆素描），我对这些花儿也总是尽量避免产生一种排他的崇拜感，这种崇拜感可能会让我赋予它们超出愉悦感之外的一些别的东西，并且，由于这种崇拜，我可能出于自恋而使之成为"我的"花朵，并且用描绘着它们的艺术品装饰卧室以特意向其致敬。不，我不会因为艺术家在前景中描绘了一朵山楂花便认为这幅画更美，尽管我不知道还有比山楂花更美的东西，因为我想保持诚实，我知道一幅画的美与其所描绘的事物无关。我不会收集山楂花的图像，我不会对山楂花顶礼膜拜，我只会去观赏并呼吸它的芬芳。在此我任由自己短暂地闯入了——无意冒犯——当代文学的领地，因为在我看来经过这般放大，尤其是经过如此费心的鉴别之后，读者便能够清楚地看到罗斯金身上蕴含的偶像崇拜的特征。无论如何,我请求我的这位同代人,如果他在我这张拙劣的速写中认出自己,请相信我毫无恶意,正如我说过的,我需要抵达自己诚实的最极限处才能就这一点对罗斯金提出批评,并发现在我对他的绝对景仰中存在着这样薄弱的部分。因此,不仅"和罗斯金同受批评丝毫无损其名誉",而且我认为对他至高的赞美就是把对罗斯金的批评用在他身上。我几乎遗憾自己过于谨慎,没有说出他的名字。因为当一个人获准靠近罗斯金,即便只是持着奉献的态度,只是为了举起他的书来好让人看得更仔细,那也是荣誉而非苦事。

回到罗斯金。这偶像崇拜,以及它在罗斯金带给我们的最强烈的文学快感中掺杂进去的些许虚假,我必须潜入自己内心深处才能捕捉其痕迹,研究其特性,因为我如今对他已是如此"习以为常"。但在我刚开始喜爱他的著作时,这偶像崇拜一定曾常常令我震惊,随后我才逐渐对这缺陷视若无睹,就好像恋爱中一样。同一个人的恋爱有时会以利欲开始,随后才得到净化。一个男人接近一个女人是因为她能帮他达到一个与她无关的目标。一旦他了解了她,他便因为她自身而爱她,并毫不犹豫地为她牺牲那个她能帮助他实现的目标。所以最早在我对罗斯金著作的热爱中掺杂了一些自私的东西,即我能从智识中获益的愉快。确实,从最初的阅读中感觉到那力量和魅力后,我便努力不去抵制它们,不同自己过度争辩,因为我感到,如果有一天罗斯金的思想对我的吸引力扩大到他触及过的一切,简言之,如果我彻底迷醉于他的思想,那么我在此前一直未知的一切,包括哥特式教堂,还有英国和意大利的绘画,将大大丰富我的世界,因为这一切将唤醒我身上沉睡的渴望,没有这渴望便永远不会有真正的知识。因为罗斯金的思想与爱默生等人的思想不同,后者被完全纳入一本书中,成为某种抽象的东西,自身的纯粹符号。罗斯金的思想则贯彻于其对象并与之密不可分,这对象不是非物质的,而是散落在地球的表面。人们必须到处寻找,去比萨、佛罗伦萨、威尼斯、国家美术馆、鲁昂、亚眠,以及瑞士的山峦。这样的思想有外在于其自身的物质对象,它在空间自我实现,不再是无限而自由的,而是受到限制和约束,寄身于大理石雕像、白雪覆盖的山峦、画中的面庞,它也许不如纯粹的思想那般神圣,但它使得整个宇宙，或至少其中某些个体的部分，某些被命名的部分，对我们来说更加美丽，因为它触动了这些部分，促使我们去热爱——如果我们愿意理解的话——进而得以窥其堂奥。

事实正是如此，宇宙突然间再次为我呈现出无尽的价值。我对罗斯金的仰慕使得他让我学会去热爱的事物变得无比重要，在我看来比生命本身还要珍贵。的确如此，有一次我感到自己来日无多，便出发去威尼斯，为的是在死前去接近、触摸、观看化身于中世纪本土建筑的罗斯金的思想，那些宫殿虽然衰败，却依然挺立鲜活。像威尼斯这样一座如此特殊而具体地定位于时空的城市，对于一个即将告别人世的人来说，到底具有怎样的重要性和现实意义呢？那些本土建筑的理论，我可以在那里研究并从活的范例中获得验证的理论，它们又如何能够成为"支配死亡，让我们对它无所畏惧，甚至让我们热爱它的真理"（勒南）呢？天才的力量在于让我们热爱美，我们感到它比我们自身还要真实，它存在于那些在他人眼中跟我们自身一样特殊而易逝的事物中。

诗人说："我会说它们很美，当你的眼睛这么说。"[1]这并不完全正确，如果诗里的眼睛指的是被爱慕之人的眼睛。在某种意义上，即便在诗的领域，无论爱可能为我们带来怎样美好的补偿，自然总会因之失去诗意。对于恋爱中的男子，地球充其量是情人那"婴孩般美丽双足所踩的地毯"，而自然无非是"她的庙宇"。爱情一方面为我们揭示出许多深刻的心理真相，另一方面又使我们对自然不再具有诗意的感受，因为它将我们封闭在一种自私的心理状态中（爱情是最高程度的自私，但本质仍然是自私），使我们难以产生诗意。相反，对一个人思想的仰慕则让美步步涌现，因为它时刻激发人们对美的渴望。凡俗之人通常以为，听凭我们所景仰的书籍的引导会使我们失去独立判断能力。"罗斯金所感与你何关：你须自己去感受。"这种看法犯了心理学的错误，所有接受灵性训练后理解力和感受力得以无限提高，批判意识亦并未被麻痹的人都会拒斥这个错误。那时我们单纯处于一种神恩的境地，这使我们的全部能力、批判意识及其他一切都大为增进。

---

1. 出自法国诗人阿尔弗雷德·德·维尼（Alfred de Vigny，1797—1863年）的诗《牧羊人之屋》："岁月何关于我？人世何关于我？我会说它们很美，当你的眼睛这么说。"

因而这自愿的服从是自由的开始。感受自我的最好方式便是努力在自身重建大师之所感。通过这深沉的努力，我们将自己的思想同大师的思想一道揭示。只有拥有目标，我们才有自由的人生：那冷漠的自由早已被证明不过是诡辩。那些不断掏空自己的思想，试图摆脱所有外界影响以保持个性的作者，其实无意识中也受着一种同样天真的诡辩的引导。事实上，我们唯一真正拥有自身全部精神力量的时候，恰恰是当我们不相信自己是在独立行动，当我们不随意选择自己努力目标的时候。小说家的主题、诗人的意象、哲学家的真理，均以一种几乎是必然的方式加诸他们，可以说外在于他们的思想。正是通过致力于表现那意旨、接近那真理，艺术家才真正成为他自己。

但是，当我谈到我对罗斯金思想的激情，起初有些矫饰但随后如此深沉的激情时，我是借助记忆去谈的，而记忆只记得事实，"深远的过去则完全无从捕捉"。只有当我们生命中的某些时段永远终结，当我们即使似乎拥有力量和自由也无法悄然开启通向过去的大门时，当我们一刻都无法回到我们曾经久处其中的状态时，只有在这些时候，我们才拒绝接受往事已被彻底抹去。我们无法再歌唱它们，因为我们忽视了歌德明智的告诫，即只有在还能感知的事物当中才有诗歌。但如果无法重新点燃过去的火苗，我们希望至少还能收拾其灰烬。我们无力让过去复活，但我们希望至少还能描述它、认识它，用我们保存的冰封记忆——这记忆告诉我们："你曾是这样或那样的"，却不让我们变回去，它证实了失落的天堂，无法在记忆中复原的天堂。只有当罗斯金离我们远去时我们才翻译他的著作，试图尽可能准确地还原他思想的特点。因此你不会看到我们流露出信仰或爱，你能间或瞥见的只有我们的虔诚，它冷静而隐秘，像那底比斯的处女，忙于修复一座坟茔。

·注 释

[1] 类似于在《阿诺河谷》中,圣马可雄狮是尼米亚雄狮的直系后代,其鬃毛后来成为在加马里纳的赫拉克勒斯的头饰,在本书的其他地方指出其区别在于:"赫拉克勒斯杀死了野兽并用它的皮做成头盔和斗篷;希腊人圣马可则让野兽皈依并使之成为布教士。"[《阿诺河谷》,8,cciii.]

我引用这段文字不是为了给尼米亚雄狮找到另一个神的后裔,而是为了强调《亚眠的圣经》这一章结尾处的总体思想,即"存在神圣的古典艺术"。罗斯金不愿将希腊(《阿诺河谷》)同基督教相比,只想将它同哥特艺术相比,"因为圣马可同赫拉克勒斯一样是希腊人"。在这里我们接触到了罗斯金最重要的思想之一,或更确切地说,是他为希腊和基督教艺术品的思考与研究带来的最为独特的一种情感,要想完整地传达这情感必须摘录《圣马可的安息》中的一段,这段文字在我看来最清晰地表现出罗斯金独特的思想态度,即他并不看重基督教的降临,却在异教作品中辨认出一种基督教艺术之美,并描绘出一直贯穿到中世纪作品中的顽强的希腊理想。可以确定的是,这种在我看来纯然关于美学的思想态度至少在本质上是符合逻辑的,尽管在来源上没有遵守时代顺序,罗斯金将这思想系统化,扩大至历史和宗教批评。但即使是当罗斯金将希腊王权同法兰克王权相比(见《阿诺河谷》中的"法国化〔Franchise〕"一章),或者在《亚眠的圣经》中宣称"基督教并未过多改变人类道德与幸福的理想",或者像我们在前面谈到贺拉斯的信仰时,他所做的一切都是从审美愉悦中得出理论性结论，就像他在重新发现诸如希罗底的女像柱、天使中的哈比、拜占庭庙宇的一只希腊花瓶时一样。下面就是摘录自《圣马可的安息》的一段文字："不光拜占庭艺术，这一点适于全部希腊艺术……今天让我们别再用……'拜占庭'这个词。从来只有一个希腊学派，从荷马的时代一直到塞尔沃总督的时代；圣马可的这些镶嵌画真正蕴含着代达罗斯的力量，带有希腊的建筑灵感……就像库普赛罗的胸膛或厄瑞克修姆庙的门柱。"

罗斯金随后进入圣马可洗礼堂，说道："大门上方是希律的宴会。希罗底的女儿头上顶着施洗者约翰的头颅在舞蹈，完全是任意一只希腊花瓶上任意一个头顶水瓶的希腊女子的翻版……现在接着进入远在穹顶深处的小教堂。那里更加黑暗，非常黑暗；我的昏花老眼几乎分辨不出什么，但你若有一双年轻明亮的眼睛，你应看出那美，因为它确是贝利尼、契马和卡巴乔所绘的全部金顶的源头；它本是一只希腊花瓶，带着新的神祇。在圣坛后的壁龛里有一位十翼天使，胸上有一圈文字，"智慧充盈"。这确是圣灵的呼吸。但它曾经是一个希腊哈比，其鸟爪般的四肢虽已毁损但仍依稀可见肌肉……其上，耶稣在一群天使的环绕下出现并降落；正如贝利尼和卡巴乔的天顶画不过是这哈比天顶的放大版，丁托列托的天堂亦不过是这狭窄穹顶所包含的思想的最终结果……毫无疑问这些镶嵌画不会早于13世纪。然而它们在所有的思想方式和表达形式上都是绝对希腊式的。那火焰和喷泉完全是喀迈拉和佩瑞涅的形状；那舞蹈的少女，尽管是13世纪身穿袖口镶白鼬皮的长袍的公主，却一如在阿卡狄亚泉边汲水的甜美的希腊少女。"[《圣马可的安息》，第92页及以下。引文不连续。]又比如罗斯金说:"我相信我是唯一仍然同希罗多德一道思考的人。"任何一个思想足够敏锐、会被一名作家的面貌特征所打动的人,一个不为有关罗斯金的种种无聊说法——说他是先知、预言家、新教徒等等——所动的人,都会感到他的面貌特征,尽管是次要的,却是十分"罗斯金式"的。罗斯金同所有时代的伟大灵魂生活在一起,他只在意他们能够回答那些永恒的问题,对他来说没有什么古典和现代之分,他可以像谈论一个当代人那样谈论希罗多德。因为古人对他来说全部价值就在于"当前"能够对我们的日常思考有所帮助,所以他并不把他们当作古人。因此他们所说过的一切未因过时而被抛弃,也不被视为只属于某一特定时代的话语,这对他来说更加重要,它们在某种意义上将其曾经拥有但为时间所剥夺的科学价值保存了下来。从贺拉斯描绘班都斯亚泉的方式,罗斯金推断说他是虔诚的,"以弥尔顿的方式"。就在13岁时,他为了消遣阅读阿那克里翁的赞歌,从中发现,"非常确定,希腊人就像我一样喜爱鸽子、燕子和玫瑰,后来对希腊艺术的研究证明这一点对我极为有利。"[《往昔》〔罗斯金自传作品〕, lxxxi.]显然,对于爱默生这样的人,"文化"具有同样的价值。但我们暂不去探讨两者之间的深刻差别,为了强调罗斯金面貌的特殊之处,让我们首先指出,由于对科学和艺术一视同仁,他在谈到作为科学家的古人和作为艺术家的古人时同样满怀崇敬。关于自然史的发现,他引用了第104篇赞美诗,关于一个宗教史问题,他赞同希罗多德的观点(恰与当代科学家的观点相反),他很欣赏卡巴乔的一幅画,认为它对鹦鹉的描述史做出了重大贡献(《圣马可的安息》:"奴隶的圣坛")。显然我们很快应该回到他的古典神圣艺术观,"从来只有一种希腊艺术,圣杰罗姆和赫拉克勒斯,等等",每一个这样的观念又引向其他。但此刻我们面前只有这样一个深深留恋着自己藏品的罗斯金,他对科学和艺术一视同仁,相信一项科学理论能够始终正确,正如一件艺术品能够始终美丽(他从未明确提出这一观点,但它暗中支配着其他所有的观点,它们都是基于此一观点而存在),他会为了自然史或思辨哲学去求证于一首古代赞歌或者一件中世纪浮雕,因为他深信与其请教当世的庸俗之人,不如求教于一位智者,无论他属于哪一年代,哪个国度。当然,他恰如其分的批判意识始终约束着这一倾向,让我们对他可以完全信任,他的夸张仅仅是为了开个诸如"13世纪昆虫学"等的小玩笑。

[2] 以英国人的眼睛看法国的风景,这会是多么有趣的展品:透纳笔下的法国河流;波宁顿的"凡尔赛";沃尔特·佩特的"奥塞尔"或"瓦朗西安","韦兹莱"或"亚眠";斯蒂文森的"枫丹白露",以及更多!

[3] 此时我无暇对此缺憾加以阐释,但我猜想通过我的翻译——尽管它很乏味——读者能够察觉,就像透过突然被照亮的粗玻璃鱼缸,语句将思想迅速劫掠,令其有所损失。

➻ **阅读的时日（一）**[*]

我们童年最充实的时光也许莫过于那些我们以为虚度的日子，那些伴随着一本心爱的书度过的日子。似乎我们填满那些时光而为他人所做的一切，被我们视作妨碍那神圣享受的俗事而避之不及的一切：正沉浸在最有趣的段落时有小伙伴来玩耍，讨厌的

---

[*] 此文最初题为《论阅读》，本是普鲁斯特为自己翻译的罗斯金《芝麻与百合》所撰写，最初于1905年发表于《拉丁文艺复兴》杂志，次年在《芝麻与百合》法文版出版时作为译序发表。多年之后略加修改，更名为《阅读的时日》，收入《仿作与杂记》。《芝麻与百合》收入罗斯金1864年在曼彻斯特发表的两篇讲演稿：《国王的宝库》和《王后的花园》，前者论述阅读的重要性，后者关于女子的教养。普鲁斯特此文追述了自己的童年阅读经验，提出了与罗斯金不同的阅读观，其文风和一些段落预示了后来的《追忆似水年华》。

蜜蜂或阳光使我们不得不从书页中抬起头来或者变换位置，为我们端来的茶点放在座位旁一动未动，与此同时，在头顶的蓝天，太阳的威力正在减弱，我们必须回去用晚餐，其间唯一的念头就是饭后立即上楼读完剩余的章节。阅读本该让我们只觉得这些事不胜其烦，然而恰恰相反，这一切反倒在我们心中镌刻下如此甜美的回忆（我们此刻的感受要比那时热切阅读的内容珍贵得多），以至于到今天，如果我们有时还会去翻阅过去的书籍，那不过是作为我们仅存的往昔的日历，希望那些书页还映射着早已消失无踪的房舍和池塘。

　　谁会不记得假期里的阅读呢，像我一样躲在一天当中所有足够安宁和不被打扰、足以为之提供庇护的时光里，不间断地读书。上午，从公园回来之后，当其他人都去散步时，我会溜进餐厅，在那儿，一直到尚为遥远的午餐时间，除了相对少言寡语的老菲丽希之外没有人会进来，我唯一的同伴是对阅读表现得十分尊重的挂在墙上的彩绘盘子，刚刚撕去前一天页面的日历，还有挂钟和炉火，它们发出无意义的柔声低语，不期待答复，也不会像人那样用别的话取代你正在读的句子。我会坐在一张椅子里，在一小堆柴火旁边，就此我那早起的爱拾掇花园的姑父会在午餐时说："这可没什么坏处！咱们受得了这点儿火；我告诉你们，六点钟的时候菜园里可真冷哩。想想还有一个礼拜就到复活节了！"唉，阅读就要被午餐打断了，不过还有足足两个小时。时而传来水泵的声音，水就要从里面流出来，这让你抬起眼睛透过关着的窗户看它，就在那儿，很近，在小花园唯一的小径，砖和半月形陶片环绕着三色堇花坛：这些花儿好像是从天上摘下来的，那无比美好的天空，时而五彩斑斓，仿佛辉映在有时能从村庄的房顶之间看到的教堂彩窗上，时而愁云惨淡，像暴风雨来临之前，或者之后，太晚了，在白昼将尽之时。可惜，厨娘提前很久就进来安放餐具，她要是能不说话该有多好！可她偏觉得自己有必要说："您这样不太舒服，我把桌子挪近点吧？"仅只回答一句"不用，谢谢"，我就得戛然停住，从远方召回自己的声音，而它那时正在嘴里悄然奔跑，重复着眼睛看到的每个词；我不得不停下，再开口说，就为得体地回一句"不用，谢谢"，归还给声音早已在读书中忘却的日常表象和应酬语调。时间在流逝；常常离午餐时间还早就开始有人来到餐厅，有的是因为累了,抄近道从"梅雷格里斯路"回来;有的要"写点东西",因此那天早晨没有出去散步。他们当然会说"我不打扰你",但是会立刻走近壁炉,看看时间,表示现在就吃饭也不错。对那个"留下来写点东西"的人,他们会异常尊敬地含笑对他或她说"您写信呐",这笑容里含着敬意、神秘、暧昧和小心,就好像这"通信"是国家机密,又是某种特权、暧昧和不当的行为。有人不再等待,早早坐在自己的位置上。这真叫人难过,因为他们给后来者立了个坏榜样,让人以为已经到中午了,还让我的父母过早说出那句要命的话:"好了,合上书,要吃午饭了。"万事俱备,桌布上已摆好了所有人的餐具,除了餐末才会上桌的之外,比如我那既当园丁又当厨师的姑父用来在桌上亲手煮咖啡的玻璃壶,那个像物理仪器般造型复杂的管状器皿,一会儿便会散发出芳香,沸腾的泡沫突然升到玻璃罩上,将芬芳的褐色余渣留在充满蒸汽的内壁,这景象实在让人愉快;还有奶油和草莓,我这位姑父总是以同样的比例把它们混合,以色彩家的经验和美食家的预见性,精准地达到他所要求的粉色。这午餐显得多么漫长啊!我的姑婆只需浅尝每道菜肴便能温和坚定地提出她的见解。对于她所精通的小说或诗歌，她总是以女性的谦卑表示尊重其他更有见地的人的见解。她相信那属于随意的范畴，凭个人喜好无法评定真理。但对于她母亲传授下来的规矩与准则，比如怎样烹饪某些菜肴，怎样演奏贝多芬的奏鸣曲，或者怎样殷勤待客，她自信掌握最合适的分寸，并能判断他人做到了几分。何况，这三样事的完美标准几乎是同样的：简洁、含蓄、优雅。她厌恶在菜肴中加入并非必需的调味料，造作或滥踩踏板的演奏，以及待客时态度矫揉、夸夸其谈。她自认只需尝一口菜，听头几个音符，瞥一眼请柬，就能知道面前是不是一个好厨娘，一名真正的音乐家，或一位有教养的女子。"她也许指法比我纯熟，但她弹奏那段简单的行板时过于浮夸，可见缺乏品位。""她也许是位出色的女士，但在这种场合自夸，可见缺乏分寸。""她也许精通厨艺，但她不会做土豆煎牛排。"土豆煎牛排是用来评比的理想菜品，正因为简单所以难做，好比烹饪版的《悲怆奏鸣曲》，又好比一件美食版的社交小事：一位夫人前来询问有关仆人的事，但从这如此简单的行为便可看出她是否知分寸有教养。我外祖父自尊心十足，希望每一道菜都成功，但他极不擅烹饪，从不知何处不妥。他有时也会痛快承认菜品确有不妥，但那十分罕见，而且完全是出于意外。而我姑婆暗示厨子不懂做菜的评论永远有理有据，这让外祖父尤其难以忍受。为了避免与他争执，姑婆用嘴唇碰一下那道菜之后保持沉默，让我们立刻知道她不喜欢。她默不作声，但那双温和的眼睛里含着深思熟虑后的坚定否认，简直让外祖父发狂。他会语带嘲讽地请她发表意见，对她的沉默很不耐烦，不断向她提问，大发脾气，但我们能感觉到姑婆宁愿殉道也不愿承认外祖父的观点：点心并不过甜。

午餐之后我立刻重新开始读书；特别是天气稍热的日子，所有人都上楼回到卧室，我于是立刻沿着一小段台阶密密的楼梯回到自己的房间，它孤零零的在楼上，楼层如此低矮，只需跨过窗台轻松一跳就能到外面街上。我去关上窗户，没能躲开对面的枪械匠向我问好，他趁着放下雨篷的机会，每天午饭后在门前抽烟斗，同过路人打招呼，他们有时会停下来和他聊天。按照梅坡公司[1]和英国室内设计

---

1. 梅坡公司，伦敦一家家具制造公司，在维多利亚时代享有盛名，在巴黎开有分店。

师们所一贯遵守的威廉·莫里斯[1]的理论，一间卧室是否美丽的唯一条件，是它只有对我们有用的物品，而任何有用的物品，哪怕是一枚钉子，都不应遮盖而应暴露在外。在这些洁净的卧室里，在完全裸露的铜条床架上，光秃秃的墙上挂着几幅名画复制品。以这样的审美观来看，我的卧室绝谈不上美，因为里面充满无用之物，它们矜持地挡住了那些还能派上用场的东西，让人很难使用。但对我而言，我的房间之美正源于这些不为我方便、只为其自身愉悦而存在的物件。高高的白色帷帐挡住了视线，床仿佛隐蔽在一所祭坛深处；四处散落着缎面压脚被、绣花床单、刺绣被套、细亚麻布枕套，白天我的床消失在这一切之下，仿佛五月中鲜花与花彩装饰下的祭坛，到了晚上，要想上床睡觉，我得把它们小心翼翼放在旁边的扶手椅上，它们同意在那儿过夜；床边是蓝色图案的三件套玻璃杯、糖罐和水罐（我到达的第二天姨母便嘱咐里面不要盛水，怕我碰倒它），好像某种用于宗教仪式的器具——几乎同旁边小玻璃瓶中珍贵的橙花酒一般圣洁——就像圣体

---

[1] 威廉·莫里斯（William Morris，1834—1896年），家具、室内设计家兼画家，他贯彻罗斯金的理论，是英国工艺美术运动领袖之一。

盒，我不会允许自己冒犯它们，更不会将之用于个人用途，但我会在更衣前长时间地注视它们，唯恐不小心碰倒它们；搭在椅背上的镂空钩编小布罩像覆盖了一层白玫瑰，而且一定是带刺的，因为每当我读完书准备起身时都会发现自己被挂住了；玻璃钟罩隔绝了俗人的碰触，里面的挂钟对着来自远方的贝壳和一朵古老的多情之花窃窃私语，这钟罩十分沉重，很难抬起来，挂钟一旦停摆，除了钟表匠以外没人会鲁莽地尝试给它上发条；白色的镂空花边布像覆盖着祭坛一样罩着五斗橱，其上装饰着两只圣花瓶、一幅圣像和一支圣枝，就像圣餐桌（每天整理完卧室之后摆在那里的祈祷跪凳更让人产生如此联想），但它开绷的边线总是夹进抽屉缝里，让抽屉根本无法开合，就算只为拿出一条手帕，也得把圣像、圣花瓶和圣枝全都碰倒，我自己也弄得跌跌撞撞，不得不抓牢跪凳；最后还有由小纱帘、大平纹细布帘和更大的锦缎帘组成的三重窗帘，它们在阳光照耀下总是像山楂花一样明亮喜人，但每当我想要打开或关上窗户，它们就会笨重顽固地在平行的木杆上滑动，十分恼人地互相缠裹着卡在窗子上，如果我成功地解开了一层，第二层便会立即裹进连接处，将之完全堵塞，就像有一丛真的山楂树或者真有异想天开的燕子在那儿筑巢，结果就是，如果没有别的家庭成员帮忙，我永远也别想完成开关窗子这看似简单的动作；所有这些物件非但不能满足我的任何需求，而且有点碍事，它们在那儿显然并非为任何人所用，它们让我的房间充满了某种私密的思绪，带着一种自己选择的所爱的生存与享受方式的神气，就像林间空地的树，又像长在路边或老墙上的花朵。我的房间因之充满了静默多样的生命，充满了令我迷失又着迷的神秘；它们让这房间变为一所小教堂，阳光——在穿过我姑父安插在窗户上方的红色小窗格之后——先将窗帘上的山楂花染成粉色，又在墙壁上洒下奇异的光点，让这小教堂仿佛藏身于一座更大的彩色玻璃中殿；我们的房子与教堂近在咫尺，在盛大的宗教节日时通过一条花径相连，教堂的钟声如此响亮，让我幻想它就来自我们的屋顶，就在窗子上方，从那里我常常问候手拿日课经的牧师、晚祷归来的姨母，或者带来圣餐面包的唱诗班儿童。至于布朗拍摄的波提切利[1]

---

1. 桑德罗·波堤切利（Sandro Botticelli，1445—1510年），意大利文艺复兴时期画家。

的《春》，或者里尔博物馆的《无名女子》[1]的复制品，威廉·莫里斯对其无用之美做出了让步，让它们出现在梅坡公司的墙壁和壁炉上，而我必须承认，在我的房间，它们让位于一幅表现欧根亲王[2]的版画，他身披战袍，英俊威严，一天夜里，我在一个火车站餐厅入口处，在火车与冰雹的轰响声中无比吃惊地看到了这幅画，他被用作一个饼干牌子的广告，依然英俊威严。现在我怀疑这幅画是从前一个慷慨的制造商作为酬谢赠送给我祖父的，后来才永久地挂在我的卧室里。但当时我并不关心它仿佛古老而神秘的来源，也不曾想象过可能存在不止一件复制品，因为在我看来他就是一个活生生的人，是房间永远的住客，而我只不过与他共用这房间，每年我都在这里再次遇见他，从来不变。从我上次看到他已经过去很久了，我想我再也不会见到他了。但若上天赐福我还能见到他的话，我相信他会比波提切利的《春》有更多的话对我说。让有品位的人用他

---

1. 指收藏于里尔美术官的一座半身女子蜡像。
2. 欧根亲王冯·萨伏伊（Prince Eugene of von Savoy，1663—1736年），哈布斯堡王朝的将领和外交官，神圣罗马帝国陆军元帅。

们崇拜的名作的复制品去装饰自己的居所吧，让他们把自认珍贵的图像托付给木雕框以免去维护的烦恼。让有品位的人把自己的房间布置成符合其品位的模样，在里面摆满他们赞赏的物件。对我而言，只有在这样的房间里我才能感到自己在生活和思考，那里到处都是与我的生活迥然不同、与我的趣味截然相反的创造和表现之物，在那里我清醒的意识一无所知，我的想象力潜入非我的深处奔腾；只有当我踏入——在俯瞰港口的火车站大道或教堂广场——外省的一间旅舍时我才感到幸福，那里有长长的寒冷的走廊，外面的寒风打败了中央暖气，墙上唯一的装饰便是当地的详细地图，每个声响都更烘托出寂静，房间里残留着一种幽闭的味道，新鲜空气将之洗涤却无法根除，鼻孔上百次地吸入这味道，想象力为之着迷，将之视为样板，试图通过思想与回忆再造它所包含的一切；傍晚，当你打开房门，你感到自己冒犯了留在里面散落各处的全部生命，而当你关上门，走进房间深处，走到桌边或窗边，你好像冒失地伸手拉住了他；当你坐在那个外省装饰工自认为是巴黎风格的长椅上时，你感到与他自由自在地亲密共处；当你故意用自己的熟悉感来让自己不安，把自己的东西四下堆放，装作是这漫溢着其他灵魂的房间的主人，或者当你赤足踏在陌生的地毯上，你感到自己到处都能触摸到这生命赤裸的存在，他们梦想的痕迹封存在柴架的形状或窗帘的图案中；你感到自己仿佛将这秘密的生命封入了自身，就在你浑身颤抖着去闩门的时候；你感到你把他推到床上，最后和你一起躺在白色的大被子里，盖住了脸，此时附近教堂的钟声回荡在整个城镇，为情人与垂死者敲响无眠的时光。

  我在房间里没有读多久书就得去离村子一千米的公园。不得不参与的游玩结束后是下午茶时间，茶点装在篮子里，在岸边草地上分发给孩子们，我的书则放在那里不得拿起，但我会提前结束下午茶。笔直的人工河道上浮着天鹅，沿岸小径上立着喜人的雕塑，时有鲤鱼跃起，但稍远些，在公园深处无人修葺的神秘地带，水流变得湍急，很快流过公园的围墙，变成一条地理意义上的河流——一条本应有名字的河流——并且立刻漫流开来（它还是那条雕塑环绕、天鹅沉浮的河吗？），流入牛群躺卧的牧场，淹没了毛茛，让草地变得颇为泥泞，一边通过一些据说是中世纪遗迹的形状难辨的塔楼同村子相连,另一边沿着蜿蜒上升的蔷薇和山楂花小径通向无限延伸的"自然",以及有过其他名字的未知村庄。其他人继续在公园低处的天鹅旁边吃完茶点,我离开他们,远远地去到曲径深处某个无人察觉的树荫下,背靠修剪过的榛子树丛坐下,同时注意到石刁柏苗床、草莓丛的边缘、有些日子马儿转着圈经过时溅起水花的池塘,还有高处"公园尽头"的白色大门,以及更远处,开满罂粟花和矢车菊的草地。我所在的荫蔽处笼罩着深深的宁静,几乎不会被发现,从下面远远传来的徒劳的呼唤声只让我的安全感更加甜美,这声音有时甚至更近些,沿着开始的堤岸向上,到处搜寻未果,又转回去,随后是一片寂静,从远处平原时不时传来的金色钟声仿佛来自蓝天之外,它本来可以提醒我时间的流逝;但那悠扬令我惊诧,那更深沉的寂静令我不安,接踵而至的最后几个音符令我失神,以至我从来不确定钟鸣几响。这不是当你回到村庄时所听到的洪亮鸣响——当你走近教堂,从近处看,它恢复了高耸挺直的身形,栖着点点乌鸦的石板穹顶映衬着傍晚黛色的天空——钟声在村庄广场上碎裂开来,传扬着"世间之善"。这钟声传到公园这端的时候变得轻柔微弱，不是为我鸣响，而是为整个乡野，为所有的村庄，为分散在田间的农民，它毫无让我抬头之意，不曾看见我、认出我或者打扰我，只是从我身边掠过，将时光带往遥远的国度。

  有时，在房间里，在我的床上，晚餐早已结束，傍晚的最后时光也能庇护我的阅读，但那只是当我读到一本书最后的章节，剩下没有太多篇幅的时候。那时，冒着一旦发现便会挨罚，或者读完全书后可能一夜失眠的危险，一等父母上床我便重新点燃蜡烛；就在近旁街道，在沉浸于寂静中的枪械匠的房子和邮局之间，黑沉湛蓝的天空繁星密布，在左边，在开始蜿蜒上升的小巷，你能感到教堂硕大阴暗的后殿在守望，里面的雕像亦一夜无眠，这乡村教堂自有其久远的历史，是神奇的所在，里面有仁慈的主、圣体面包、彩塑圣徒像，还有邻近城堡的夫人们，她们在节日里结队"盛装"来做弥撒，在穿过市场的时候让母鸡们咯咯乱叫，长舌妇们眼睛发直，信徒们推开前厅大门时，中廊彩窗撒下的光斑在门廊阴影里像红宝石一般闪烁不定，夫人们一走出教堂就一准会去广场的点心铺里买些用帘子遮挡着防晒的塔形糕点——曼格黄油蛋糕、奶油小饼、杏仁果酱小蛋糕——在我心中，它们慵懒甜美的味道仍然同大弥撒的钟声及礼拜日的欢乐混合在一起。

　　随后，最后一页读完了，书看完了。眼睛和紧随其后只偶尔换气的默读声不得不停下狂热的奔跑，终止于一声深深的叹息。这时，为了将内心躁动过久的悸动引向其他方向，使之平息下来，我会起身沿着床边踱步，眼睛仍然凝注着某一点，它不在房间内外任何地方，与我隔着一个灵魂的距离，与其他距离不同，它无法用米尺或英里去衡量，如果你见过那些忽然想到"其他事"的人的"遥远"的目光，就知道这两种距离是不可能混淆的。那么，然后呢？这本书就是这样了吗？我们对其中人物付出了比现实生活中的人还要多的关注和感情，而且不总是敢于承认自己是多么热爱他们，甚至，当父母对我读书时的动情报以微笑时，我会做出无动于衷的样子或假装无聊地合上书；我永远不会再见到这些我曾为之屏息或哭泣的人物，永远不会再知道他们的任何消息。早在书的最后几页，作者在他残忍的"跋"里，已经刻意以一种令人难以置信的冷淡态度将他们"隔离"，而我们知道他曾如何满怀关切地步步跟踪他们，描述他们生活中的每一刻。之后，突然:"这些事情发生二十年之后,人们可能还会在富热尔的街上遇到那个老人,他仍然身板笔直,等等。[1]"还有婚姻,我们在整整两卷书中不时瞥见那令人欢喜的可能性,为每一个障碍忧心忡忡,为每一次障碍的清除欢欣雀跃,却在"跋"中,从某个次要人物不经意的一句话里听说婚礼已经举行,而我们并不确知在何时,这叫人吃惊的结尾好像从天而降,由一个对我们的短暂激情无动于衷的人代替作者写就。我们多么希望书里的故事继续下去,或者,如果这是不可能的话,能够了解所有这些人物的其他情况,了解一些他们的生活,能够用我们的人生去体验一些与他们在我们心中激起的爱并非完全无关的东西[2],而这爱的对象已从我们的世界遽然消失,多希望我们并不仅仅是短暂而徒劳地爱过他们,可他们到明天就不过是与我们生活无关的一本书中被忘却的一页里的一个名字而已,我们错估了这书的价值,因为现在我们才发现,就像我们的父母用一句不屑的话教给我们的那样,它在此间的归宿压根儿不像我们想象的那样包含着全宇宙以至我

---

1. 此处暗指巴尔扎克《朱安党》的结尾。

们自己的命运，只不过是在公证人的书架上占据着一个窄窄的位置，介于一册册浮华乏味的《时尚画报》和《厄尔-卢瓦尔省地理》。

关于《国王的宝库》一文，我试图阐明，阅读并不像罗斯金在这本小书中所讲的那样应该占据生活中的首要位置，但在此之前我必须将可爱的童年时代的阅读排除在外，那回忆应当始终是对我们每个人的恩宠。无疑，我前面的长篇阐发只是更好地证明了我关于童年阅读的见解：这些阅读留给我们的主要是彼时彼地的影像。我未能逃脱其咒语；我本想谈论阅读，但我所谈无关书本自身，因为阅读对我讲述的并不是书本。但或许我通过阅读捕捞的点滴回忆也会唤醒读者的回忆，当他徘徊于这曲折花径时，能渐渐引领他以足够强大的力量在心中再造阅读这一独特的心理活动，让他现在能从内心深处聆听我即将陈述的一些思考。

我们知道《国王的宝库》是罗斯金1864年12月6日在曼彻斯特附近拉绍尔市政厅所做的关于阅读的讲演，目的是帮助拉绍尔默学院创立一所图书馆。12月14日他做了第二场讲演《王后的花园》，讨论女性的作用，以图在安科茨建立学校。科林伍德先生在他令人钦佩的《罗斯金的生活与作品》[1]中说："那整整一年他都留在家中，除了……频频造访卡莱尔。他12月份在曼彻斯特所做的一系列讲演后来收于《芝麻与百合》一书，成为他最广为人知的作品，从他思想最闪亮之处我们看得出当时他正处于体力与智力的巅峰。从他所鼓吹的英勇、高贵、坚忍的理想观，以及他对书籍和公共图书馆价值的坚持，我们听到了同卡莱尔交谈的回响——卡莱尔是伦敦图书馆的创办人。"

既然我在这里只想讨论罗斯金的理论本身，不涉及其历史渊源，那么用笛卡尔的话即可相当准确地对之加以总结，"阅读好书就好像同其作者，即过往时代最优秀的人物交谈"。罗斯金也许并不知道这位法国哲学家这多少有些枯燥的比喻，但这一观点却贯穿他的演讲始终，只不过笼罩在融入英格兰薄雾的金色阳光中，就像照亮了他所钟爱的英国画家笔下风景的阳光。"但是，即使我们有择友的意愿和

---

[1] 威廉·格瑟姆·科林伍德（William Gershom Collingwood, 1854—1932年），英国雷丁大学学院美术教授，作家、艺术家。《罗斯金的生活与作品》发表于1893年。

见识，又有几人有那能力！或至少，对大多数人来说，那选择的范围多么有限！……我们无法知道我们会选择谁……我们可能有幸一瞥某位大诗人，聆听他的声音；或向一位科学家提问，获得友善的回答。我们可能占用一位内阁部长十分钟的时间与我们交谈……或者在一生中获得一两次与女王仁慈的目光相遇的殊荣。我们渴求这些短暂的运气；我们花费时光、激情与权力去追逐的不过如此；而与此同时，有一群人永远欢迎我们，永远会与我们交谈，无论多久，无论我们的地位或职业为何；……国王和政治家们数量众多，温文尔雅——可以一整天等待，不是为了恩准听众倾听，而是期望得到听众——耐心地守候在朴素狭窄的接待室，即我们的书架上，我们却不以为意，也许一整天都不去听他们想说的任何一个字！""你也许会告诉我，"罗斯金补充道，"你更愿意同活的人交谈，因为能看到他们的面孔。"等等，对这个以及下一个反对意见加以驳斥之后，他表明，阅读恰恰是同比我们周围可能遇见的人要聪明有趣得多的人的对话。我在本文的注释里试图说明，阅读不能这样与对话相提并论，哪怕是与最智慧之人的对话；一本书和一位友人的本质区别不在于其智慧多少,而在于我们与其交流的方式,阅读与对话正好相反,在阅读时,我们每个人在接受他人思想交流的同时仍然保持孤独,即继续享受我们在孤独中享有的智性力量,而交谈却会顷刻间将之瓦解,与此同时思想可以一边获得启发,一边继续富有成效地进行反思。如果罗斯金对他随后陈述的其他真理的后果加以考察的话,他很有可能得出与我相似的结论。但显然他并未去探求**阅读**的内核。为了教导我们阅读的价值,他只是以希腊人的简洁讲述了一个动人的柏拉图式的神话,希腊人为我们揭示出几乎全部真理,却留给有心的现代人对之进行深入探索。但尽管我认为,阅读就其独特的本质,就其于孤独中实现交流这一丰硕的奇迹而言,拥有比罗斯金所说的更多更丰富的东西,我却并不就此承认它在我们的精神生活中具有罗斯金似乎想要赋予它的至要作用。

该作用的局限性源于其功效的性质。我仍然要回到童年的阅读经验去发现这些功效。你方才看到我在餐厅的炉火旁,在卧室里,蜷在罩着针织头靠的扶手椅里捧读的这本书,或在下午的美好时光,在公园的榛子树和山楂花下,无边无际的原野的气息都从远方传来，在我身边静静嬉戏，为我心不在焉的鼻翼悄悄送来苜蓿和红豆草的芬芳，让我时而抬起疲倦的双眼：就是这本书，隔着二十年的时光，你不管多努力靠近也看不清书名，只有我的记忆，凭借其更适合此种观察的眼力，才能告诉你它的名字：泰奥菲尔·戈蒂耶的《弗拉卡斯上尉》[1]。我尤其喜爱书中的两三个句子，它们在我看来最为优美独特。我无法想象别的作者能够写出可与之比拟的句子。但我感到这优美对应着一种真实，戈蒂耶在每部书中只有一两次让我们瞥见其一角。我相信他一定了解其全部，因此我想读到他别的作品，其中所有的句子都应该同样优美，其内容都应该有关我希望得到他的见解的事情。"笑在本质上毫不残忍，它将人与动物区别开来，就像在希腊诗人荷马的《奥德赛》中那样，它是幸福的不死众神之专享，他们纵声大笑，在奥林匹斯山上度过永恒的闲暇时光。[3]"这句话真让我陶醉。我以为透过这个唯有戈蒂耶才能向我揭示的中世纪，我窥见了一个奇妙的古代。

---

1. 泰奥菲尔·戈蒂耶（Théophile Gautier，1811—1872年），法国唯美派诗人、小说家、评论家，倡导"为艺术而艺术"。《弗拉卡斯上尉》是戈蒂耶发表于1863年的一部冒险小说。

但我更希望他不像现在这样,用太多我不认识的辞藻冗长地描述一个我完全无法想象的城堡之后一笔带过,而是在整部书里写满这样的句子,并告诉我一些合上书后我还能继续了解并热爱的东西。我更希望这位唯一掌握真理的智者能告诉我应该怎样恰如其分地看待莎士比亚、圣蒂内、索福克勒斯、欧里庇得斯、西尔维奥·佩利科[1],后者是我在一个非常寒冷的三月读完的,每每合上书我就去散步,踩着脚,沿着小径疾行,陷于狂喜,因为刚刚结束的阅读,因为我一动不动所积聚的能量,也因为吹过村庄街道的令人振奋的风。我尤其希望他告诉我,如果我重修六年级,或者以后成为外交官或高等法院律师的话,是否更有机会接近真理。但这句优美的句子甫一结束,他便开始描绘一张桌子,说那上面"布满厚厚的尘土,手指能划出痕迹",这在我看来不足为奇,无法吸引我的注意力;我只好想象戈

---

1. 格扎维埃·博尼法斯·圣蒂内(Xavier Boniface Saintine,1798—1865年),法国戏剧家、小说家;索福克勒斯(Sophocles,约前496—前406)、欧里庇得斯(Euripides,前485—前406年),古希腊悲剧诗人;西尔维奥·佩利科(Silvio Pellico,1789—1854年),意大利作家。

蒂耶还有哪些书更能满足我的渴望，让我最终了解他的全部思想。

确实，好书最伟大而奇妙的一个特质（这让我们看到阅读在我们精神生活中所能起到的根本却有限的作用）就是，它们对于作者可以被称为"结论"，对于读者则是"激励"。我们强烈地感到我们的智慧始于作者的智慧终止之处，我们希望他给予我们答案，而他所能做的只是给予我们渴望。他只有通过让我们注视他以其艺术之全力达到的极致之美，才能在我们身上唤醒这渴望。但是按照一个神启般的独特精神法则（该法则表明我们也许无法从任何人那里获得真知，而必须自己去创造），他们智慧的终点正是我们智慧的起点，因而，就在他们说尽了所有能说的话之时，我们却感到他们什么都没有说。而且，如果说我们向他们提出的是他们无法回答的问题，那么我们向他们要求的也是对我们毫无用处的答案。诗人唤起我们心中的爱，使那些对他们而言只具有个人情感意义的事物被我们赋予了字面的重要性。在他们为我们呈现的每一幅画面中，他们似乎仅让我们浅浅瞥见那迥异于世界其他地方的奇妙景象，而我们希望深入其中。"请带领我们，"

我们想对梅特林克先生[1]和诺阿伊夫人[2]说,"'去到那开放着古老花朵的泽兰花园',沿着充满'茴香与艾蒿'芬芳的大路,去到世上所有那些你们虽未在书中提及但认为同样美好的地方。"我们想去探访米勒[3](因为画家像诗人一样给予我们教诲)在《春》中展现的田野,想让莫奈先生[4]带我们去塞纳河边的纪维尼,看看他画中透过清晨的雾霭几乎难以分辨的河湾。而实际上,诺阿伊夫人、梅特林克、米勒或莫奈之所以特意选择描绘那条路、那座花园、那片田野、那段河湾,而不是其他地方,仅仅是因为偶然的亲友关系让他们从那里经过或停留。这些地方在我们眼中显得比世界其他地方更加特别和优美,因为留在天才艺术家心中的印象似乎飘忽不定地投印其上,而在艺术家们可能会去描绘的其他一切风

---

1. 莫里斯·波利多尔·马里·贝尔纳·梅特林克(Maurice Polydore Marie Bernard Maeterlinck, 1862—1949年),比利时法语诗人和剧作家,1911年诺贝尔文学奖获得者。
2. 安娜·德·诺阿伊(Anna de Noailles, 1876—1933年),法国诗人。
3. 让-弗朗索瓦·米勒(Jean-François Millet, 1814—1875年),法国画家。
4. 克洛德·莫奈(Claude Monet, 1840—1926年),法国印象派画家。纪维尼位于巴黎以西约七十千米,是莫奈故居所在地。

景之上，我们也可以看到他同样独特而专横的投影拂过它们漠然顺从的面庞。这表象既让我们迷惑又令我们失望，让我们想看到更远，它便是那在某种意义上不具深度之物的本质——被捕捉于画布的幻影——一种视像。我们渴望的双眼想要穿透的迷雾就是艺术家的结语。作家和画家的终极努力不过是为我们揭开了那丑陋庸常的帷幕的一角，它让我们对宇宙失去了好奇。随后他说："看吧，看吧，

充满苜蓿与艾蒿的芬芳
拥抱着狭窄奔腾的溪流，
埃纳与瓦兹之地。[1]

"看那泽兰的房舍，粉红闪亮如一只贝壳。看啊！学着去看！"就在此时他消失了。这便是阅读的价值，也是它的不足。阅读只是启发，将之作为教条则是赋予了它过于重要的角色。阅读是精神生活的开始，它将我们引入精神生活，但它并不构成精神生活。

---

1. 出自诺阿伊夫人的诗《苜蓿与艾蒿的芬芳》。

但在某些情形下,比如对于抑郁症患者,阅读可以作为一种治疗方式,通过反复激励,将惰怠的心灵重新不断引入精神生活中去。那时书籍起到的作用便类似于针对某些神经衰弱症的心理疗法。

我们知道在某些神经系统疾病中,虽然器官本身无恙,患者却深陷于一种失去意愿的状态无力自拔,犹如陷身泥淖必须借助外力才能逃脱,如果没有一只有力的援助之手伸向他的话,他便会不断衰弱下去。他的大脑、双腿、肺部和胃部均很健全。他并非彻底失去了工作、行走、耐寒、饮食的能力。他完全有能力做这些动作,但他全无意愿。如果外部没有出现他在自身找不到的推力,如果没有一名医生愿意替他去欲求,直到他慢慢恢复各种感官的意志,器官的衰竭最终会演变成他本来没有的病症,造成无可挽回的后果。有一些人的情形可以同这种病患相比,他们受滞于一种惰怠[4]或轻浮,无法自觉地深入到真正的精神生活开始的深层自我中去。一旦有人将他们引入这自我深处,他们亦并不缺乏发现和探索那真正丰富性的能力,但是由于缺乏外界的干涉,他们便生活在表面,处于永远遗忘自我的消极状态,这使他们嬉游于每样享乐,甘心混同于周遭的熙攘，就好比一个出身高贵但从童年起便与街头盗贼厮混的人，早已不再使用因而不再记得自己的姓名，他们最终会丧失一切高贵精神的感觉和记忆，除非来自外界的推力将他们再次强行推入精神生活，在那里他们突然间恢复了自主思考和创造的能力。然而，惰怠的心灵无法自行找到这推力，它只能来自他者，而正如我们已看到的，心灵显然必须在孤独中接受这来自外界的推力，离开孤独则无法产生在自身被激发的创造活动。惰怠的心灵单从孤独中将一无所获，因为它不能自己进行创造性活动。最高深的交谈和最迫切的建议亦无济于事，因为它们无法直接进行这种独特的活动。这时需要的是来自他人但生发于我们内心深处的影响，它确乎来自另一心智的推动，但我们是在孤独之中接受它。我们已经看到，这恰恰是阅读的定义，而且只适用于阅读。因此，唯一能够对这样的心灵施加有益影响的训练便是阅读，借用一句几何术语：**证明完毕**。但我要重申，阅读只能作为激励，不能代替我们的个体活动；它仅仅能够帮助我们恢复功能，就像我在前面比喻过的神经疾病，心理医生只能为患者恢复其意志力，去运用自己仍然健康的胃、腿和脑。也许一切心智或多或少都有这样的惰性，这种深层的滞碍，或许阅读带来的兴奋对我们自己的工作虽非必要，却可产生有利的影响，总之人们发现不止一位作家喜欢在写作之前先读一篇好文章。爱默生在动笔之前通常要先重读几页柏拉图。但丁也并非唯一由维吉尔引入天堂大门的诗人。

因为，只要阅读对我们是激励性的，用它神奇的钥匙为我们打开内心深处我们本不懂得如何进入的所在，那便是有益的。反之则是危险的，如果它不是唤醒我们心灵的个体生命，而是试图取而代之，或者真知不再表现为只有靠我们自己思想的隐秘进步，以及我们自己心灵的努力才能实现的理想，而只是如同置于书页间的一件物品，就像他人酿好的蜂蜜，我们只要从书架上取下就可以在心灵与身体的完全静止中消极地品味。有时，在一些特别的、不那么危险的情形下，这始终被视为外在的真知离我们十分遥远，隐藏在难以抵达的某处。比如一些机密资料、未发表的通信或回忆录，这些东西可能会使我们对某些对象有意外的了解，但它们很难得到。对倦于在内心找寻真知的理智而言，这是怎样的幸福与休憩呵，当它发现这真知外在于心，被咨惜地保存在荷兰一所隐修院的对开本书籍里,虽然我们得费些功夫才能抵达,但辛苦的只是身体,对理智而言不过是迷人的消遣。这将意味着一段漫长的旅程,你得乘坐驳船穿越风声呜咽的平原,岸边的芦苇在无尽的波动中连绵起伏;你得在多德雷赫特停留,它那常青藤覆盖的教堂倒映在纵横交错的沉睡运河与金光颤动的墨兹河上,夜晚,船只划过水面,搅乱了一排排红色屋顶与蓝色天空交织的倒影;而直到最终到达目的地,你仍无法肯定能够获得这真知。为此你必须想方设法利用强大的影响力,比如结交那位长着一张前冉森教徒般英俊四方脸的尊敬的乌得勒支大主教,还有阿姆斯福特[1]那位虔诚的档案保管人。在这种情形之下,获取真知就好比某种外交使命的胜利,其旅途不可谓不艰险,谈判充满变数。但那有什么关系?我们能否获得真知全仗乌得勒支这座古老小教堂里这些善良的成员,他们的面容仍然停留在17世纪,不同于我们惯常所见,与他们至少能够通过信件保持联系将是多么有趣的事。我们将继续时不时地收到他们的来信,这表明

---

1. 多德雷赫特、墨兹、乌得勒支、阿姆斯福特均为荷兰地名。

他们对我们的尊重，令我们在自己眼中也变得尊贵起来，并把这些信件作为证物和珍品留存。对于这些赠我们以……真知的人，我们不会忘记将来将我们的书题献给他们，这自然是我们所能做到的最起码的事。至于我们不得不在隐修院图书室里进行的一些研究工作，则是获取真知的必要前提——谨慎起见，为了避免它再度溜走，我们会做笔记——抱怨这些工作所带来的麻烦简直就是忘恩负义：古老隐修院的安宁清冷是如此迷人，修女们仍然像在会客室悬挂的罗吉尔·范·德·韦登[1]的画里那样，头戴高耸的白色翼帽；当我们工作时，一抹苍白的阳光从两排树之间洒下来，让昏睡在17世纪温柔排钟声里的天真的运河水耀眼生光，河岸两旁从夏末便一直光秃秃的枝条拂过悬挂在房屋山墙上的镜面[5]。

这样的观念，即真理对思想的呼唤置若罔闻，只服从外界的影响；真理通过一封推荐信便可获得，那个将这信件交付我们的人对它根本一无所知真理并任我们誊录到笔记本上，这种真理观倒远远不是最危险的。因为通常，历史学家甚至学者去一本书

---

1. 罗吉尔·范·德·韦登（Roger van der Weyden，约1399—1464年），早期尼德兰画家，现存作品以宗教三联画、祭坛画、肖像画为主。

中所寻找的，在严格意义上来说并非真理自身，而是其迹象或印证，从而为它所预示或证明的另外的真理留下了空间，后者至少是他们自己思想的独特创造。文人则不同。他们为阅读而阅读，为记住所阅读的东西而阅读。对他们而言，书籍并不是在他打开天堂花园大门那一瞬间便振翅飞去的天使，而是静止的偶像，他们单纯地崇拜它本身，但并不能从它唤起的思想中获得真正的尊严，只是给它周遭的一切带来一种虚假的尊严。文人含笑引经据典，向维尔阿杜安[1]或薄伽丘作品中的人物致敬[6]，或倾心于维吉尔笔下的某些风俗。他们毫无独创性的思想不能从中找出增强心智的精华，却被整本书束缚住，以至于他而言，它不是可吸收的元素、生命的准则，而只是异体、死亡的准则。还需要说吗？如果我说这种对书籍的喜爱和拜物式的崇拜不健康的话，那是相对于完美心智的理想习惯而言，而完美的心智是不存在的，正如生理学家所描述的机体的正常工作状态在常人身上是罕见的。在现实中不存在完美无缺的心智，正如没有完全健康的身体，我

---

1. 杰弗瑞·德·维尔阿杜安（Geoffroi de Villehardouin，1150—1218年），法国编年史家，十字军骑士。

们称为具有"伟大心灵"的人同样会染上这种"文学病",也许比其他人更为严重。对书籍的热爱似乎同智力一起增长,略低于后者,但处于同一根枝条,正如任何激情都伴随着对其对象周遭一切的偏爱,与它保持某种联系,即使在这对象不在场时,仍然会提及它。因此当最伟大的作家不与自己的思想直接交流的时候,他们喜爱与书籍为伴。书籍难道不正是为了他们所写吗?它们难道不是为他们揭示出无数不为庸人所知的美吗?但事实上,高尚的心智可能被视作充满书卷气,但这绝不表示这不是缺陷。平庸之人通常勤勉,聪明人则惯于懒惰,但从中并不能得出结论说勤奋而非懒惰是对心智更好的规训。尽管如此,在伟人身上看到我们自己的缺点总让我们不禁去想,这缺点是否本质上就是一种被误解的美德,我们不无愉快地发现雨果将昆提斯·库尔提乌斯、塔西佗和查士丁尼一世[1]的著作熟记于心,如果有人当面质疑某个词的合理性,他可旁征博引追

---

1. 昆提斯·库尔提乌斯(Quintus Curtius),约公元1世纪时的古罗马历史学家;普布利乌斯·科尔涅利乌斯·塔西佗(Publius Cornelius Tacitus,约56—120年),罗马帝国时代著名的历史学家、文学家和演说家;查士丁尼一世(Justinian,483—565年),拜占庭皇帝,主持编纂《查士丁尼法典》。

述其来龙去脉。(我在别的地方说明，在他身上，学识滋养而非压制了他的天才，正如一捆木柴能扑灭一小簇火苗，但只会让一大簇火焰燃得更旺。)梅特林克在我看来是文人的反面，其心灵永远敞开接纳由蜂巢、花床或牧场所激发的无数莫可名状的情感，当他以业余爱好者的身份描述雅各布·凯茨[1]或桑德斯神父[2]的老版著作里的版画时，我们便可大大放心于博学甚至嗜书的危险。这危险即使存在，它对理智构成的威胁也比对感性小得多，而思想家要比想象力丰富的诗人更具备从阅读中获益的能力。比如叔本华[3]，他生机焕发的心灵可轻松负载大量的阅读，因为每一条新的知识都能立刻被纳入它所包含的活生生的现实当中。

叔本华提出任何见解时都会同时列举数条引言加以佐证，但你能感到，对他来说，这些引言纯为举例，是下意识的预先映射，他喜欢在其中发现自

---

1. 雅各布·凯茨（Jacob Cats，1577—1660年），丹麦诗人、政治家。
2. 安东纽斯·桑德斯（Antonius Sanderus，1586—1664年），弗拉芒神父，神学家、诗人、历史学家。
3. 亚瑟·叔本华（Arthur Schopenhauer，1788—1860年），德国哲学家，唯意志论的创始人，著有《作为意志与表象的世界》和《人生的智慧》等。

己思想的一些特征,但它们绝非其灵感来源。我还记得《作为意志和表象的世界》中的一页,其中大约连续引用了二十条引语。这段文字的主题是悲观主义(我会将这些引言加以缩写):

> 伏尔泰在《老实人》中,以轻松愉快的方式向乐观主义开战。拜伦则在《该隐》中以其悲剧性风格做出同样的事。希罗多德记叙色雷斯人哀叹着迎接新生儿,却欢欣地对待死亡。普鲁塔克的动人诗句也表达了同样的意思:哀悼这被孕育者吧,他将步入厄运[1],等等。墨西哥人的祈愿习俗也必归因于此,等等,斯威夫特亦必有同感,他从年轻时就习惯将生日作为苦难日来庆祝(如果相信司各特爵士的传记的话)。大家都知道柏拉图在《苏格拉底的申辩》中的段落,他在其中说死亡值得钦美。赫拉克里特的箴言表达了同样的意思:生命以生为名,其事业乃是死亡[2]。泰奥格尼斯动人的诗篇十分

---

[1] 原文为拉丁语 "*Lugere genitum, tanta, qui intravit mala.*"。

[2] 原文为拉丁语 "*Vitae nomen quidam est vita, opus autem mors.*"。

著名：人最好的命运便是不曾出生[1]，等等。索福克勒斯在《俄狄浦斯在科洛诺斯》中简述如下：不降生便远胜他人[2]，等等。欧里庇得斯说：人生充满痛苦[3]（《希波吕托斯》），荷马也早已说过：无论何地，一切有呼吸之生物都比不上人类悲惨[4]，等等；普林尼也这样说：没有什么好过适时的死亡[5]。莎士比亚从老王亨利四世口中说出："啊，要是这一切能够预先得见——最幸福的青年——当合上书卷，坐下死去。[6]"最后仍然是拜伦："死去方才更妙。[7]"巴尔塔沙·葛拉西安在《批评家》中用最黑暗的色调描绘生存，等等。"

如果我不是已经被叔本华带到这么远的话，我

---

1. 原文为拉丁语 "*Optima sors homini natum non esse.*"。
2. 原文为拉丁语 "*Natum non esse sortes vincit alias omnes.*"。
3. 原文为拉丁语 "*Omnis hominum vita est plena dolore.*"。
4. 原文为拉丁语 "*Non enim quidquam alicubi est calamitosius homine omnium, quotquot super terram spirant.*"。
5. 原文为拉丁语 "*Nullum melius esse tempestiva morte.*"。
6. 原文为英语 "O, if this were seen — The happiest youth, — Would shut the book and sit him down and die."。
7. 原文为英语 "This something better not to be."。

会很高兴用《人生的智慧》来结束此段简述，在所有我知道的书中，它也许最能见出作者之博览群书及独特创见，以至于叔本华能够在这本充满引语的书的书眉处郑重其事地写上："编纂非我所长。"

毋庸置疑，友谊，个体之间的友谊，乃是一种轻浮之事，而阅读是友谊的一种。但至少它是真诚的，它由于面对的是死者或不在场者而具有一种几乎令人感动的无私性。而且，这种友谊摆脱了其他情形下的一切丑陋不堪。既然我们生者都不过是尚未赴任的死者，那所有被我们称为尊敬、感激或诚挚的门厅处的礼节性问候便掺入了太多谎言，它们都枯燥而乏味。况且——从我们最初的善意、敬仰或感激的关系开始——我们最初说的话、最初写的信就开始在我们周围编织习惯之网，构成一种真正的生活方式，在其后的友情中我们再也无法从中解脱；这还没算上我们那时说出口的过分客套的寒暄，好比期票，我们或者必须兑付，或者因为任其被拒付而悔恨终生的更大代价。而在阅读中，友谊突然回归了其原初的纯粹。同书籍的关系不存在殷勤与否。如果我们整个晚上与之为伴，那是因为我们真心希望如此。至少对于它们，我们离开时常常心怀遗憾。而且离开之后不会产生那些损害友谊的念头，比如："他们会怎么想我们？""我们是否得体？""他们喜欢我们吗？"或者担心因为别的什么人而使自己遭到遗忘。所有这些惶恐情绪在阅读这种纯净安详的友谊中都消失了。我们也无须毕恭毕敬，莫里哀的话只是因为滑稽我们才会开怀大笑；他令我们烦闷时我们也不必害怕显出烦闷的样子，而一旦跟他待够了，我们便突兀地把他放回去，就好像他既非天才亦非名人。这种纯粹友谊的氛围是沉默，它比话语更加纯粹。因为我们只对他人说话，与自己则沉默相处。因而沉默不像话语那样带有我们的缺陷或矫饰的痕迹。它是纯粹的，真正是一种氛围。在作者的思想和我的思想之间，不曾插入作者与我各自的自我所固有的抗拒思想的因素。书的语言本身是纯粹的（如果它配得上被称为书的话），作者的思想使之更加透明，凡不属于思想本身的均已被作者清除，语言于是成为思想的忠实影像；每一个句子本质上都与其他句子相似，因为所有的语句均出自同一种拥有独特个性的语调；全书因而具有一种连贯性，生活中的种种关系因掺杂了与思想无关的因素而不带有这种连贯性，这让我们能够很快跟上作者思想的轨迹，以及他反映在这宁静镜面中的面貌特征。我们可以愉快地观照而无须崇拜这些特征，因为对精神而言，能够辨别出这些特征，能够以无私无言的友情去爱，这真乃一大乐事。因而我们喜爱这样的戈蒂耶，简单率真，品位高雅（他被认为代表艺术之完美，这让我觉得好笑）。我们不想夸大他的精神力量，在他的《西班牙游记》中，每个句子都在无意中强调并延伸了他个性中十分优雅欢快的特点（词语自行组合以描绘他的个性，因为正是这种个性选择了词语并将之按顺序排列），但我不得不认为他的创作手法远称不上真正的艺术：他迫使自己对每一种形式都加以详细描绘，并伴以并非出于任何愉快的强烈印象的比拟，因此毫无动人之处。当他将种植着各种农作物的田野比喻为"贴着长裤和马甲图样的裁缝卡"，或者当他说从巴黎到昂古莱姆一路上无甚可欣赏之处，我们只能责怪并可怜他想象力的贫乏。而这位狂热的哥特风格爱好者在夏尔特尔时连大教堂都懒得去参观，这不禁让人好笑。（"我很遗憾经过夏尔特尔时没能去看看大教堂"，《西班牙游记》。）

  但他是多么兴致勃勃、品位高雅啊！我们很乐意跟随这位快活的伙伴历险；他是如此令人愉快，连他周围的一切也是如此。在他因风暴耽搁在那条"黄金般闪耀"的漂亮大船上，同勒巴尔毕耶·德·提南船长[1]共度数日之后，我们悲哀地看到他只字不再提起这位友善的海员，让我们永远离开他，无法得知他后来的情形[7]。我们能感觉到他夸夸其谈的快乐和不时的忧郁都来自记者放荡不羁的习性。但我们宽容这一切，对他唯命是从，当他满身湿透、又累又饿地返回时觉得很有趣，当他以连载作家的悲哀追述那些与他同代的早夭之人的名字时又不禁随之悲伤。我前面说过，他的句子描绘出他的面貌，而他对此并无意识；因为如果词语不是我们的思想根据其本质的亲和力所选择，而是出于我们自我描绘的欲望的话，它们所表现的便是那欲望，而不是我们。弗罗芒坦和缪塞[2]虽然才华横溢，但他们想将自己的肖像留传后世，于是这肖像便十分平庸；但

---

1. 勒巴尔毕耶·德·提南（Lebarbier de Tinan，1803—1876年），法国海军上将。
2. 欧仁·弗罗芒坦（Eugène Fromentin，1820—1876年），法国画家和作家；阿尔弗雷德·德·缪塞（Alfred de Musset，1810—1857年），法国19世纪浪漫主义诗人、小说家、剧作家。

也正因如此我们才对他们无比感兴趣,因为他们的失败颇具启发意义。因此,当一本书不能反映一种强有力的个性时,它仍可反映其思想中有趣的缺陷。当我们细读弗罗芒坦或缪塞的书时,我们注意到前者的某种"高雅"中包含的狭隘和愚蠢,在后者则是华丽辞藻中的空虚。

如果说我们对书籍的热爱随着智力的增长而增长,那么其危险,正如我们所看到的,则随之减弱。有独创力的精神懂得使阅读服从于个体的活动。对精神而言,阅读不过是最高贵的消遣,而且主要是最令人高贵的,因为仅凭阅读和学识便能造就"文质彬彬"的心智。我们只能在内心,在我们精神生活的深处发展我们的感性和智力。但正是在与其他心灵的接触,即阅读中,我们心灵的"修养"才得以形成。无论如何,博览群书仍然同过去一样被视为心智超群的表现,而对某本书或某个文学特质的无知,哪怕在天才那里也将始终是才智平庸的表现。思想领域亦然,优越和高贵体现在一种心照不宣和对传统的继承上[8]。

就阅读的趣味和消遣而言,大文豪们更为偏爱古人的著作。即使那些被同代人视为最"浪漫"的作家也几乎只读古典作品。雨果谈到自己近来在读的作品时，口中最常出现的名字是莫里哀、贺拉斯、奥维德、雷尼亚尔[1]。阿尔封斯·都德是最缺少书卷气的作家，他的作品充满生机和现代感，仿佛摒弃了一切古典传承，但他不断阅读、引用、评注的是帕斯卡尔、蒙田、狄德罗、塔西佗[9]。我们甚至可以对古典派与浪漫派做出不同于传统的区分，说公众（当然是聪明的公众）是浪漫的，而大师（即使是浪漫派公众所喜爱的被称为浪漫派的大师）则是古典的。（这一观察可推广至所有其他艺术。公众聆听樊尚·丹第[2]的音乐，后者却在重温蒙西尼[3]的作品[10]。公众去观看维亚尔或莫里斯·德尼[4]的作品展，他们却去参观卢浮宫。）这种现象产生的原因可能是，独创作家和艺术家使公众得以接触和喜爱的一些当代思想在某种程度上早已成为他们自身的

---

1. 让-弗朗索瓦·雷尼亚尔（Jean-François Regnard，1655—1709年），法国作家、剧作家。
2. 樊尚·丹第（Vincent d'Indy，1851—1931年），法国作曲家。
3. 皮埃尔-亚历山大·蒙西尼（Pierre-Alexandre Monsigny，1729—1817年），法国作曲家，法兰西美术院成员。
4. 爱德华·维亚尔（Édouard Vuillard，1868—1940年）和莫里斯·德尼（Maurice Denis，1870—1943年）均为法国画家。

一部分，所以他们更容易为不同的思想所打动。这不同的思想要求他们付出更大的努力，也给予他们更多的乐趣；在阅读中我们总喜欢稍稍出离自身去旅行。

作为结语，我更愿意把伟大心灵对古老作品的偏爱归于另一个原因[11]。那就是，对我们而言，与当代作品不同，古代作品所拥有的不仅仅是其创造者的匠心之美。它们还有另一种更为感人的美，来自其质料，我指写就它们的语言，如同一面生活之镜。我们在博讷¹这样的城市散步时会有一种幸福感，那里完好无损地保存着15世纪的救济院，它的水井、洗衣房、彩绘镶板拱顶，高高的山墙上嵌着带有薄薄铅铂尖顶饰的老虎窗（一个时代消逝时仿佛随之被遗忘的一切，只属于那个时代，因为在其之后的任何一个时代都未曾见过类似的东西）。当我们徜徉在拉辛的悲剧或圣西门的著作当中时，我们仍然感受到一些那样的幸福。因为它们包含着所有业已湮灭的美丽的语言形式，其中保存着早已不在的习俗或感觉方式的记忆，还有与如今的一切毫无

---

1. 博讷，法国东部城市，位于勃艮第-弗朗什-孔泰大区科多尔省。

相似之处的过去长存的痕迹,只有时间才能在经过时为其增光添彩。

拉辛的一部悲剧或圣西门的一卷回忆录就如同不再出产的美丽物品。伟大的艺术家雕琢它们的语言,使之具有一种自由之美,闪耀着柔和的光芒,凸显着天然的力量,令我们感动不已,就像今天看到某些罕见的历史上工匠使用的大理石。无疑这些古建筑中的石头忠实地保存着雕刻家的思想,也多亏了雕刻家,这种如今罕见的石头也保存了下来,带着雕刻家从中发掘、显现、调和的所有色彩。我们在拉辛的韵诗中所乐于发现的正是17世纪法国的活的句法——以及其中早已消弭的习俗和思想方式。让我们感动的正是这句法形式本身,美好地呈现在他如此率直细腻、满怀敬意的刻刀之下,其俗语的运用既奇特又大胆[12],就在最为温柔圆润的片段,突兀的构思忽如快速的笔锋掠过,或以美妙的断句转回。我们前往拉辛作品中观赏的,正是这些从过去的生活本身截取下来的古老形式,正如一座保存完好的老城。我们对这些语言形式怀着同样的感动,就像对那些同样早已消亡的建筑形式,现在我们只能在造就它们的过去所遗留下来的罕见而华美的范例中去欣赏：比如古老的城墙、城堡和塔楼、教堂的洗礼堂；比如回廊附近，或教堂庭院的藏骸所下，小小的墓园被蝴蝶和花草掩埋，将园里的喷泉和亡灵塔遗忘在阳光下。

而且，为我们的双眼描绘古老灵魂形状的并不仅仅是句子。直到今天，那字里行间——我想到那些起初用来诵读的古籍——仍然充塞着许多个世纪以来的沉寂，就像一间不容侵犯的地下墓室。常常，在《路加福音》中，当我看到散布其中的在许多赞美诗般的段落之前的"冒号"时[13]，我仿佛听到祈祷者的静默，他刚刚大声朗读完毕，准备吟诵下面的诗句[14]，又似乎联想到《圣经》中更古老的诗篇。这寂静依然填满语句的停顿，句子因之分开并将之包围，保留着它的形状；不止一次，我在读到这些段落时嗅到了微风从敞开的窗子吹进来的玫瑰的芬芳，飘扬在信众聚集的上层房间中，近两千年仍未消散。在《神曲》或莎士比亚的剧作中，我感到过去的片断仿佛嵌入了此时此刻；那令人为之一振的印象使得某些"阅读的时日"就如同徜徉在威尼斯圣马可广场，在那里，在你面前，在近在咫尺又隔着许多个世纪之遥的物质的朦胧色彩中，你看到两根粉色和灰色的石灰岩立柱,一个柱头上立着圣马可之狮,另一个是脚踏鳄鱼的圣狄奥多尔。这两位美丽修长的异乡人许久以前来自东方,穿越在他们脚下裂开的海洋。他们听不懂四周的言谈,在今天的人群中依然沉浸于12世纪的岁月,那遥远而微妙的微笑依然在近旁的公共广场闪耀。

·注 释

[1] 我必须承认,对直陈式未完成过去时的某些运用——这残忍的时态,它将生活描绘得仿佛既短暂又被动,它在追述过去的行动时使之沦为一种幻觉,并陷于过去的虚无,而不像完成时态那样留给我们行动的安慰——这时态对我始终是一种神秘悲哀之感的无尽来源。就在今天,我可以连续几小时冷静地沉浸于对死亡的思考;但我只需打开圣伯夫的《月曜日丛谈》中的一卷,刚好看到拉马丁的这段文字(关于达尔巴尼夫人)"那时在她身上没有什么还能让人想起……她曾是一个身材娇小的女人,体重让她的腰身下垂,她已失去了……,等等",我就立刻感到自己被最深沉的忧郁所吞没。在那些作者明显意在令人痛苦的小说中,我们则需更加做好防备。

[2] 我们可以用间接的方式,用并非完全虚构的、有历史根据的书来验证这一点。例如巴尔扎克,其著作在某种意义上来说并不纯粹,混合着思想和未充分改造的现实,有时候尤为适合这种阅读方式。至少阿尔贝·索莱尔便是巴氏作品最令人钦佩的"历史意义的读者"之一,他就《一桩神秘案件》和《现代史内幕》写下了无与伦比的评论。的确,阅读这种既热烈又安详的享乐看来多么适合索莱尔先生的探索精神和平静强壮的身体,在阅读中无数诗意朦胧的幸福感从我们安乐的身心深处欢喜地起飞,为读者的遐想营造出蜜一般金色甜美的愉悦。索莱尔先生的阅读艺术登峰造极,其中包含诸多有力独到的见解,而这并不止于半历史性的作品。我会永远记得——并衷心感谢——他在评论我的《亚眠的圣经》的法

语翻译时写下的也许是他最强有力的文字。

[3] 事实上在《弗拉卡斯上尉》里找不到这句话,至少不是以这种形式出现。并不是"像希腊诗人荷马的《奥德赛》所表现的",而只是"根据荷马的说法"。但既然书中其他地方出现过"就像荷马所表现的"和"就像《奥德赛》所表现的"这样的说法,并给我以同等程度的愉悦,我为了使这个例子对读者更具震撼力,便允许自己把这所有的美熔于一炉,而今天,说实话,我对此已不再感到那般虔诚的崇拜了。在《弗拉卡斯上尉》的其他地方,荷马也被描述为希腊诗人,无疑这也曾令我着迷。但我不再能足够准确地感受到这些被忘却的欢乐,以确保我在一句话中堆积了这许多美妙的词语,并且没有走得太远且越过了界限!但我并不这样想。我遗憾地意识到,当我漫步在砾石小径,向着垂在河岸上方的鸢尾花和长春花反复吟诵《弗拉卡斯上尉》里的这句话时感到的欣悦之情会更加甜美,如果当时我能像今天一样,用自己的创造在戈蒂耶的一句话中聚集起这许多迷人的词语,虽然今天它已不再带给我任何愉悦。

[4] 我在丰丹纳身上便感到这惰怠的苗头,圣伯夫写道:"他身上有着非常强烈的享乐的一面……倘不是这些耽于物欲的习性,以丰丹纳的才华,他本能创造出更多…… 更持久的作品。"别忘了无能的人总是宣称自己并不无能。丰丹纳说:

> 照他们的话我在浪费时间,
> 只有他们才增添这世纪的荣光。

并向我们保证自己的勤勉。

柯勒律治则是一个更加病理性的例子。"在他的时代，或也许在任何其他时代，"卡彭特说（转引自里博的杰作《意志的疾病》），"没有一个人像柯勒律治那样将哲学家的逻辑能力同诗人的想象力融于一身，等等。但也没有一个人像他那样，如此天纵英才却如此虚掷才华：他性格的重大缺陷便是缺乏意志力，不能将其天赋加以运用，因而纵他脑中总是浮动着庞大的计划，他却从未真正努力去实现其中任何一个。就在其职业生涯伊始，他遇到一位慷慨的书商，许诺为他朗诵过的每一首诗支付30基尼，等等。而他宁愿每礼拜前去乞求施舍，却不知他只要写下一行诗，就能获得自由。"

[5] 我无须说明，在乌得勒支附近寻找这家隐修院毫无意义，这整段文字纯属虚构。不过灵感来自雷翁·塞舍就圣伯夫所写的下列文字："他（圣伯夫）在列日的时候，有一天决定与乌得勒支的小教堂联系。天色已晚，乌得勒支距巴黎很远，我不知道是否《情欲》足以让阿姆斯福特档案室的大门为他敞开。我对此颇为怀疑，因为即使在《波尔－罗雅尔修道院》的前两卷出版之后，那主管这些档案的虔敬的学者……。圣伯夫好不容易让好心的卡斯坦先生允许他瞧瞧那些纸箱……打开《波尔－罗雅尔修道院》的第二版，你能找到圣伯夫对卡斯坦先生表示感谢的话。"至于那旅程的细节则完全建立在真实的印象之上。我并不知道去乌得勒支是否要经过多德雷赫特，但我就像看到了一样进行描述。我是在去沃伦丹而不是去乌得勒支的一次旅途中乘坐过穿越芦苇的驳船。我在乌得勒支修建的运河实际上位于戴夫特。我是在博讷医院里看到了一幅韦登的画和推测是来自佛兰德斯修道会的修女，她们戴着的头饰是我在荷兰其他画家的画作中见过的，而不

是在韦登的作品中。

[6] 纯粹的附庸风雅则更加无辜。喜欢与某人为伴,因为其先祖参加过十字军东征,这属于虚荣,与理智无关。但如果喜欢与某人为伴是因为其祖父的名字频繁出现在维尼或夏多布里昂的笔下,或者(我必须承认这对我是不可抵制的诱惑)因为其家族的纹章(该女士无须此纹章便大大值得我们的崇敬)出现在亚眠圣母院的大玫瑰窗上的话,那就是理智之罪开始的地方。我在别处已经用很长的篇幅讨论过这点,尽管我还有很多要说,在此就不必再加强调了。

[7] 我听说他成为著名的德·提南海军上将,艺术家们仍然钟爱的佩舍·德·提南夫人的父亲,以及英勇的骑兵上尉的祖父。我相信他还在加埃塔之围前负责弗兰西斯二世和那不勒斯女王之间的供应与联络(见皮埃尔·德·拉·高斯的《第二帝国史》)。

[8] 而且,真正的高雅总是好像只与同样高雅的人对话,它并不去"解释"。阿纳托尔·法朗士的书暗示着其丰富的才学,其中总是包含着众多易为常人忽略的典故,在该书其他的优美之处外,这些典故自身便具有无与伦比的高贵。

[9] 可能这就是为什么,当一位伟大的作家从事文学评论时,他侃侃而谈的常常是古代作品的现今版本,而很少提及当代作品。例如圣伯夫的《月曜日丛谈》和法朗士的《文学生活》。但如果说法朗士是当代作家中的杰出评论家的话,圣伯夫可以说曲解了与他同时代的所有伟大作家。他是被个人的敌意蒙蔽了双眼,这一点请不要反驳。在对司汤达的小说才华大加贬损之后,作为补偿,他对其谦逊机敏的作风大加赞赏,就好像他再没别的好处可说!圣伯夫对当代作家的盲目同

他自称的洞察力和预见力形成了奇怪的对比。他在《夏多布里昂和他的文学团体》中说,"每个人都擅长就拉辛和博絮埃发表意见……但审判官的睿智与评论家的机敏首先要在尚未为公众所知的新作品中得到验证。第一眼就去评判、预言、引导,那是批评家的天赋。极少人有这天赋"。

[10] 反之亦然,古典作家中并没有比"浪漫派"更好的评论家。只有浪漫派作家才真正懂得怎样阅读古典作品,因为他们将后者当作浪漫派作品,而要恰当地阅读一个诗人或散文家的作品,你必须自己就是诗人或散文家,而不是学者。对于最不"浪漫"的作品也是如此。让我们注意到布瓦洛的优美诗句的人不是修辞教授,而是维克多·雨果:

> *被她的美所沾污的四块手帕,*
> *其玫瑰和百合被送到洗衣工那里。*

或者法朗士的诗行:

> *无知与谬误在他新生的剧目里*
> *身着侯爵的装束,伯爵夫人的长裙。*

《拉丁文艺复兴》的最后一期(1905年5月15日)里有一个最新的例子,让我在修改校样时把这一观察推广至美术领域。文中(作者为莫克莱尔)说罗丹是希腊雕塑的真正评论家。

[11] 他们自己通常认为这种偏爱是偶然的:他们假定最好的书籍恰巧都是古人所著;这无疑很有可能,因为我们阅读的古老书籍是从作为一个整体的过去被挑选出来的,而过去同当代

相比是如此广阔。但在某种意义上,偶然不足以解释如此普遍的思想态度。

[12] 比如,我认为人们通常从《安德洛玛刻》的下列诗行:

> 为什么杀他?他做了什么?以什么名义?
> 谁告诉你的?

中发现的魅力恰恰来源于惯常的句法联系被刻意打断了。"以什么名义"指的不是前面紧接着的"他做了什么",而是"为什么杀他"。"谁告诉你的"指的也是"刺杀"(根据《安德洛玛刻》的另一行文字:"谁告诉你,我的主人,说他蔑视我?"我们可以猜想"谁告诉你的"意为"谁告诉你去刺杀他?")。表达的曲折(上文提到的反复的断句)必然会多少令意思显得隐晦,因此我听到过一位伟大的女演员,更重视叙述的明晰而非韵律的准确,直白地说出:"为什么杀他?以什么名义?他做了什么?"拉辛最著名的诗行的确充满魅力,他不拘一格运用熟语,好似一座大胆的桥梁飞架于典雅文体之上。"Je t'aimais inconstant, qu'aurait-je fait fidèle ?"[反复无常的我曾爱着你,我若忠实又会怎样?]这些表达法的漂亮组合是多么令人愉快,它们的通俗简单为其意义添加了如此柔美的丰满与动人的色彩,就像曼特尼亚画笔下的面庞:

> 我的青春在狂野的爱情中开启
> 让我们把三颗纷争的心合于一处。

这就是为什么应当阅读古典作家的全文而不仅仅满足于节选。在这些作家的著名段落中,其语言的内在脉络通常被选文几乎无所不在的美所遮盖。我不认为格鲁克（Gluck）音乐的特质在他壮丽的咏叹调中要比在宣叙调的某些顿挫中表现得更充分，在后者，每当我们听到他的气息时，其和音落在无意识的音调上，就像他天才的声音本身，表现出天真的肃穆和高贵。每一个见过威尼斯圣马可大教堂照片的人（我说的只是其外观而已）都可以认为他对这拱顶教堂多少有些了解，但只有当你走近那些美妙多彩的圆柱，亲手触摸到它们，只有当你看到柱头上从近处才辨认得出的包围着叶饰或栖息着鸟儿的奇异庄严的力量，只有在广场亲自体会这低矮的建筑，领略沿着整个正面排列的花饰立柱、那喜庆的雕饰和那"展览大厅"般的气象，你才能体会到从这些没有任何照片能够捕捉到的次要而关键的特征中爆发出的真实复杂的个性。

[13] "马利亚说：'我心尊主为大，我灵以神我的救主为乐。'等等。她父亲撒迦利亚，被圣灵充满了，就预言说：'主以色列的神，是应当称颂的。因为他眷顾他的百姓，为他们施行救赎。'等等。西面就用手接过来，称颂神说：'主啊！如今可以照你的话，释放仆人安然去世。'"

[14] 事实上没有实际的证据证明当吟诵者读这一段时会唱出圣路加穿插在福音书中的赞美诗。但将勒南，特别是圣保罗、使徒会、马可·奥勒留等的作品的多个段落进行对照阅读之后，我认为这一点足够强烈地表现了出来。

➻ **阅读的时日（二）**＊

你大概读过布瓦涅伯爵夫人[1]的《回忆录》。现下有"这许多病人"，书总是不乏读者，甚至女性读者。当一个人无法出去会客时，他可能宁愿在家待客而不是读书。但"在这传染病流行的日子"，即便是在家待客也并非没有危险。比如这位女士，她在门口停住脚步，只是片刻而已，把她带来的威胁稍加约束，对你喊道："你不怕腮腺炎或者猩红热吧？

＊ 本文最早发表于1907年3月20日的《费加罗报》。

1. 布瓦涅伯爵夫人（Comtesse de Boigne，1781—1866年），闺名阿黛尔·多斯蒙，亲历法国路易十六时代至拿破仑倒台，著有《回忆录》。普鲁斯特是其热情的读者，《追忆似水年华》中的维尔帕里奇夫人即以布瓦涅伯爵夫人为灵感来源之一。

我必须警告你,我女儿和外孙们染上了。我能进来吗?"然后不等你回答便进来了。或者,另一位没那么率直的女士,掏出表来说:"我得赶快回家,三个女儿都得了麻疹,我得轮流照顾她们,我的英国女仆从昨天起就发着高烧躺在床上,我怕该轮到我了,因为起床时我就觉得不舒服。但我还是努力打起精神来看你……"

所以你宁肯少待客,而且既然不能总是打电话,那就读书吧。读书只是最后的选择。我们先是打许多电话。我们只是孩子,只知道跟电话这种神奇的魔力玩耍而不会对其神秘感到吃惊,所以只发现它"很方便",或者,由于我们是被宠坏的孩子,发现它"很不方便",于是牢骚满腹地翻阅着《费加罗报》,认为电话这种令人惊叹的神奇工具变得还不够快,有时要花好几分钟的时间才能让女友出现在身边,我们早就渴望与之交谈的女友,她虽无形却在场,尽管她其实仍然待在自己桌边,在她居住的遥远城市,在与我们不同的天空下,置身于不同的气候,围绕着我们一无所知而她即将告诉我们的情形和事务,却突然穿越上百里的距离抵达我们身边(她自己以及她所沉浸其中的全部氛围),贴着我们耳畔,在一个我们随意选定的时辰。我们就像那个童话人物,魔术师根据他的愿望,让他在魔法中清晰地看到自己的未婚妻就在身边,正在看一本书,流下眼泪,或摘几朵花,虽然事实上她仍在当时她所在之地,在远方。

为了让这奇迹再次发生,我们只需把嘴唇贴近那魔板,呼叫那警觉的处女——有时得花些时间,我很同意——我们每天听到她们的声音却不曾见过她们的面容,她们是我们的守望天使,万般谨慎地守护着令人眩晕的黑暗之门,多亏了她们的全知全能,不在场的友人的面容才浮现身边,虽然我们无以得见;我们只需呼叫这些不可见的达纳伊得斯姐妹[1],她们不断地倒空、盛满、传递那些黑暗的声音之罐,当我们对女友吐露私情,希望没有人听见的时候,这些嫉妒的愤怒女神讥讽地对我们呼叫:"我在线上",这些神秘的暴躁女仆,冷酷的精灵,电话女郎!当她们的呼叫回荡在只有我们的双耳为之敞开的充满幽灵的黑暗中时,细微的声响传来——抽象的声响——距离被消除的声响,于是我们听到女

---

1. 达纳伊得斯姐妹,希腊神话中埃及王达那俄斯所生的五十个女儿的总称。她们被罚在地狱中取水,倒入永远灌不满的无底水桶。

友的声音在对我们说话。

如果那一刻，一个路人的歌声，自行车的喇叭声，或者远处行进中军乐队的奏乐声从窗口飘入打扰了正在对我们讲话的她，这些声音也同样清晰地响在我们耳畔（就好像要证明她确实在我们身边，以及在她周遭，敲击着她的耳鼓、分散她注意力的一切）——那些真实的细节，同聊天主题无关，本身一无用处，却因而更显必要，因为它们为我们揭示出那奇迹的全部真实性——那些平凡而动人的地方色彩，描绘着她居处所临的外省的街道和马路，就像诗人为使人物栩栩如生而选择再现其环境的细节。

正是她，正是她的声音在对我们说话，就在那里。但是多么遥远啊！多少次我听到她的声音时感到深深的痛苦，这声音如此贴近我的双耳，但想到要经过长时间旅行我们才可相见，我好像更加清晰地感到这仿佛最甜蜜的相依是多么令人失望，就在这似乎只要伸出双手就能将她挽留的时刻，我们同我们的所爱距离是多么遥远。在实际的分离中，这如此接近的声音仿如真实的在场。但同时也是永久分离的预兆。常常，当我听着这声音，却看不到那个对我说话的遥远的人儿,她的声音好像从无法脱身的深渊呼喊,我感受到焦虑,它有一天会攫住我,当一个声音就这样传来,孤零零的,不再依附于我再也见不到的身体,在我的耳边呢喃低语,而我渴望亲吻的双唇已永远化为灰烬。

我说过,在下决心读书之前,我们总是试着继续聊天、打电话,逐个查问电话号码。但有时,那些夜之女郎、传话的使者、无面目的女神、喜怒无常的守护神,不能或不愿为我们打开那不可见之门,我们扣问的奥秘故意装聋作哑,她们不知疲倦地呼叫那可敬的印刷术发明家和酷爱印象派作品与汽车的年轻亲王——古腾堡和瓦格拉姆[1]——他们却概不作答;那时,既然我们不能访客,也不愿待客,既然电话女郎无法为我们接通,我们便任自己沉默,我们便开始读书。

几周之后我们就将读到诺阿伊夫人的一本新诗

---

[1] 约翰内斯·古腾堡(Johannes Gutenberg,1398—1468年),又译谷登堡、古登堡,是欧洲活字印刷术的发明者;亚历山大·路易·贝尔蒂埃,瓦格拉姆四世亲王(Alexandre Louis Berthier, 4th Prince de Wagram,1883—1918年),收藏了许多印象派作品。这里指两个以之命名的巴黎电话局。

集《耀目》(我不知道这题目会不会保留),它甚至比她其他的天才之作更胜一筹,如《无尽的心》和《岁月之影》,在我看来可媲美《秋叶》或《恶之花》[1]。在此之前我们也可以去读巴里所著、杜米耶尔出色翻译的纯净精美的《玛格丽特·奥吉尔维》[2],它简单地描述了一名农妇的生活,由她身为诗人的儿子讲述。但是不;一旦我们不得不读书,我们更愿意选择像布瓦涅夫人的《回忆录》这样的书,它们让我们继续产生访客的幻觉,好像在拜访我们从前无缘得见的客人,因为在路易十六时代我们尚未出生,但书中那些与你认识的人并无太大区别,因为他们的后代和你的友人,出于迁就你衰退记忆的感人善意,仍然保留着同样的名字,仍然叫作:奥东、吉斯兰、尼维隆、维克图尼安、约瑟兰、雷奥诺、阿尔图斯、图克杜阿、阿德奥姆或者雷努夫。你若嘲笑这些优美的教名就错了,它们来自如此久远的

---

1. 《秋叶》和《恶之花》分别为雨果和波德莱尔的诗集。
2. 詹姆斯·马修·巴里(James Matthew Barrie,1860—1937年),英国作家,著名儿童剧《彼得·潘》的作者,《玛格丽特·奥吉尔维》是他致敬母亲的传记作品;罗伯特·杜米耶尔(Robert d'Humières,1868—1915年),法国文人、诗人、编年史家、翻译和戏剧导演。

过去，那不同寻常的光泽中仿佛仍然散发着神秘，就镌刻在我们教堂的彩色玻璃上那些先知和圣徒的简写名字。日昂（Jehan）[1]这个名字，虽说更像今天的名字，但难道不正像是用蘸着紫色、青色或天蓝色墨水的羽毛笔在一本历书中描出的哥特式字体吗？面对这样的名字，一般人也许会再次吟唱那首"蒙马特尔之歌"：

> 布拉干萨，人们知道这家伙；
> 他过分骄傲
> 才起这么个鬼名字！
> 他难道不能叫个跟别人一样的名字吗！[2]

但诗人若是真诚的话，便不会觉得这有什么好笑，他会注视着这样的名字所揭示的过去，像魏尔

---

1. Jehan或Jéhan是法语名字"让（Jean）"的旧拼写和变体，中世纪很常见，今天很少使用。
2. 出自1886年的歌曲《驱逐》，莫里斯·马可-拿卜作词，卡米耶·巴隆作曲。这首歌在巴黎蒙马特尔的黑猫夜总会取得巨大成功，故普鲁斯特称之为"蒙马特尔之歌"。

伦[1]那样回答：

> **我看到、听到很多**
> **在他那加洛林王朝[2]时代的名字里**

那也许是一段非比寻常的过去。我愿意相信，这些极少数出于一些家族对传统的重视而流传至今的名字在过去都是很普通的，无论是隶农还是贵族，于是，透过这些名字为我们展示的魔法灯笼般的天真色彩，我们看到的不仅是威严的蓝胡子老爷或塔楼中的安娜嬷嬷，还有躬身在绿草地上劳作的农民或在13世纪尘土飞扬的道路上策马奔驰的士兵。

无疑，这些名字所带来的中世纪印象会随着我们对其主人的频频造访而烟消云散，他们既不曾保有亦不解其名字之诗意；但要求人类配得上他们的名字，这合乎情理吗？我们知道最美好的事物最难与其名字相匹配，而亲眼看见任何一处风景、城市

---

1. 保罗·魏尔伦（Paul Verlaine，1844—1896年），法国诗人。下面的诗句摘自他的诗集《美好的歌》。
2. 原文为Carlovingien，是Carolingien的旧体，指加洛林王朝，8世纪中叶至10世纪统治法兰克王国的封建王朝（751—987年）。

或河流都无法平息它们的名字在我们心头激起的梦幻的渴望。明智的做法应该是用阅读哥达年鉴[1]或铁路指南来取代我们的全部社交和旅行……

18世纪末到19世纪初的回忆录，比如布瓦涅伯爵夫人的作品，其感人之处在于，它们如同历史的前景，赋予我们毫无美感的当下一种颇为高贵而忧郁的视角。它们使我们轻而易举地从我们在生活中遇到的人——或我们的父母认识的人——联想到他们的父母，而他们本人，回忆录的作者或其中人物，也许亲历过法国大革命，亲眼见过玛丽·安托瓦内特[2]走过。由此，我们得以瞥见或认识的人——我们肉眼亲见过的人——就像那些真人大小的蜡像，他们在全景画的前景中，踩着真正的草地，挥舞着从商人手里买来的手杖，仿佛依然是注视着他们的人群中的一员，他们将我们渐渐引向背景画布，通过设计精巧的过渡，使之呈现出浮雕般的生活和现实感。这位闺名多斯蒙的布瓦涅夫人告诉我们，她在

---

1. 哥达年鉴是欧洲贵族的名录，还包括主要的政府、军事和外交使团，以及按国家/地区划分的统计数据。
2. 玛丽-安托瓦内特（Marie-Antoinette，1755—1793年），法王路易十六的王后，死于断头台。

路易十六和玛丽·安托瓦内特膝前长大，年少时我常常在舞会上见到她的侄女，年迈的马耶公爵夫人，她的闺名也是多斯蒙，虽年过八旬仍神采奕奕，灰色的头发从前额高高挽起，令人想起高等法院庭长头戴的卷曲假发。我还记得我的父母常同布瓦涅夫人的侄子多斯蒙先生共进晚餐，她的回忆录便是为他所写，在父母的档案中我见过他的照片，还有许多他写给父母的信件。因此，我关于舞会的最早记忆由我父母已有些模糊但仍旧真实的叙述之线牵连着，通过几乎早已理不清的联系与布瓦涅夫人保存下来的回忆相连，她在其中对我们讲述了自己亲身参与的最初盛会；所有这一切织成一张琐屑然而诗意盎然的网，最终不过如梦幻的料子，仿佛一座纤细的桥梁飞架于现在和已然远去的过往，将生活与历史相连，使历史充满生机，而生活几成历史。

唉，我已经写到报纸第三栏的篇幅，却尚未开始我的文章。文章题目本该是《虚荣与后世》，但我不能保留这个标题，因为我已填满了为我预留的空白，却只字未提有关虚荣或后世这两位你无疑认为永远不该碰面的人物，这尤其是后者的福分，就这个主题我本想让你听听我受布瓦涅夫人回忆录的启发得出的思考。留待下次吧。那时，如果不断出现在我的思想和其目标之间的幻影又像梦中一样前来干扰我的注意力，让我分心，我就会把它们推开，就像尤利西斯[1]用宝剑驱离缠在他身边，向他乞求人形或坟茔的影子。

而今天我无力抗拒这些幻象的呼唤，我看到它们飘浮于半空，在我透明的思想中。我徒劳地尝试过玻璃制作大师常获成功的方法，他在幻梦显现处将之转移并固定，就在笼罩着暗粉色反光的两片水液之间，在半透明的物质里，从中心射出的变幻光芒时而让梦幻仿佛仍然嬉戏于活的思想。就像古代雕刻家从海里劫持的涅瑞伊得斯[2]，她们游弋于刻画着自身形象的大理石浮雕波浪，还能够相信自己仍然浸没在海洋里。我错了。我不会再这样。下次我会跟你讨论虚荣与后世，不再跑题。如果有什么横生的念头，什么冒失的异想天开又想插入与之无关的谈话，让我们有被打断的危险，我会立即请它给我们安宁："我们正在谈话，请别切断线路，小姐！"

---

1. 尤利西斯，即希腊神话传说中的奥德修斯，是希腊西部伊塔卡岛之王，曾参加特洛伊战争，后历经十年艰辛返回家乡。
2. 涅瑞伊得斯，希腊神话中的海洋女神。

➤ 圣伯夫的方法（节选）*

[……]

在我看来，通过指出圣伯夫作为作家和批评家的错误之处，我也许能够就我常常思索的事发表些意见，比如何为批评，何为艺术，如此我或可说出一些自有其重要性的话，更多是关乎圣伯夫的创作与批评，而非评论其本人。同时，关于他，就像他

---

* 本文节选自《驳圣伯夫》，此书于1954年在普鲁斯特身后首次出版。查理-奥古斯丁·圣伯夫（Charles-Augustin Sainte-Beuve, 1804—1869年），法国19世纪著名文学批评家。他卷帙浩繁的作品包括《波尔·罗亚尔》《文学肖像》《当代肖像》《月曜日丛谈》《周一漫谈》《新月曜日丛谈》等等。

本人常做的那样，我会借谈论他，谈论一些生活的形式……

[……]

关于对圣伯夫方法的定义与褒扬，我参考了保罗·布尔热[1]的文章，因为他给出了简洁的定义和权威性的褒扬。我也可以引用其他二十个评论家。研究精神的自然史，通过一个人的生平、家族史和一切特征去理解他的作品及其天才的特质，这是圣伯夫为人公认的独到之处，他本人也这么认为，而且确乎其然。丹纳[2]本人便梦想着一部更加系统化、规范化的人类精神的自然史，尽管圣伯夫在种族问题上与他有分歧，却毫不影响他对圣伯夫的颂扬："圣伯夫的方法同他的作品一样珍贵。在这方面，他是先驱。他将自然史的进程引入了道德史。"

---

1. 保罗·布尔热（Paul Bourget，1852—1935年），法国小说家、评论家。
2. 伊波利特·阿道夫·丹纳（Hippolyte Adolphe Taine，1828—1893年），法国文艺理论家和史学家，实证史学的代表，他的艺术哲学影响深远。

[……]

但在艺术中并无肇始者或先驱（至少在科学的意义上）。一切存乎个人，每一个体均以自己的名义重新开始艺术或文学的尝试；前人的作品并不像在科学中那样构成已知真理，可供后人获益。如今的天才作家仍须一切从头做起。他并不比荷马先进多少。

而有些哲学家未能在艺术中找到与一切科学无关的真实的东西，于是不得不认定艺术、批评等就像科学一样，前人必定远不如后人先进。

但何必举出所有那些认为这便是圣伯夫方法论的出色独到之处的名人呢？只需让他自己发言便可。

"对我而言，"圣伯夫说，"文学与人以及人所构成的其他方面并无分别，或至少与之不可分离……如果想去了解一个人，而人并不是纯粹精神，那么以再多的方式或从再多的枝节着手都不为过。只要你还未就一个作家提出一系列问题并找到了答案，那么即便只是悄声为自己作答，你也不能确定理解了他的全部，即使这些问题看上去与其写作的性质全然无关：他如何思考宗教？自然界的景象如何影响他？他对女人、金钱的态度如何？他是富有还是贫穷？他的饮食规律、日常生活方式是什么？他的缺陷或弱点是什么？这些问题的任何答案都并非无关紧要，如果我们要对一名作者或一本书（只要它不是纯几何论著）做出判断的话，尤其它若是一部包罗万象的文学作品的话，那就更是如此，等等。"他下意识地终生使用这种方法，并从中最终看到了某种文学植物学的最初轮廓……

圣伯夫的作品并不深奥。他著名的方法论——根据丹纳、保罗·布尔热和诸多其他人的见解，那使他成为19世纪无人比肩的批评大师的方法论——不把作者和他的作品区分开，若想判断一位作家，除非其作品是"纯几何论著"，就应首先回答那些看来与作品完全无关的问题（他如何为人处世……），收集关于他的全部事实，整理他的所有通信，征询所有认识他的人，他们若还在世就去访问他们，若已过世就去阅读他们写下的关于他的一切，这种方法论未能认识到我们与自身稍作深入交流便会明白的事情：一本书是另一个自我的产物，不同于我们在习惯、交往、恶行中所展示的自我。而这另一个自我，如果我们愿意试着去理解，我们只能尝试深入我们内心重新创造，才可能成功。没有什么能够免除这来自我们心灵的努力。这真理的一点一滴都要由我们去创造……别过于轻易地以为它会在某个晴朗的早晨出现在我们的信箱里，由一位当图书馆员的友人以未发表信件的形式寄来，或者从一个熟知作者的人口中得知。在谈到司汤达[1]的作品在几位新生代作家当中激起的仰慕之情时，圣伯夫说："请允许我告诉他们，若要清晰且不加夸张地评判他颇为复杂的思想，我总是会选择抛开自己的印象和回忆，去访问在他的全盛时代和刚刚开始写作生涯的时候认识他的人们的意见，去访问梅里美、安培，还有雅克蒙[2]，假设他还活着，简言之，去访问见过他并喜爱过他早期作品的人们。"

为什么呢？凭什么认为司汤达的友人能够对他做出更公允的评价呢？相反，这一身份很可能构成

---

1. 司汤达（Stendhal，1783—1842年），法国小说家，代表作为《红与黑》。
2. 普罗斯佩·梅里美（Prosper Mérimée，1803—1870年），法国小说家；让-雅克·安培（Jean-Jacques Ampère，1800—1864年），法国语文学家和历史学家；维克多·雅克蒙（Victor Jacquemont，1801—1832年），法国植物学家和地质学家，司汤达的朋友。

严重的障碍。因为作家在其密友面前呈现的并非其创造作品之自我,而是另一个自我,后者可能远远比不上许多人的外在自我。此外,对这一点最好的验证就是,认识过司汤达,收集了从"梅里美先生"和"安培先生"那里得来的全部事实,总之拥有了据他所称能使批评家更准确评价一部作品的一切之后,圣伯夫这样评价司汤达:"我刚刚读过,或者说尝试读过司汤达的小说;坦白地说,令人厌憎。"

[……]

他最后说到两个金句:"尽管我直率地批评贝尔的小说,我倒也不责怪他写下它们……不管怎样,他的小说并不庸俗。它们就像他的评论,主要服务于其作者……"这篇文章的结语说道:"本质上,贝尔在人际交往中十分直爽可靠,当我们对他的作品做出评价后,千万不要忘记认可这一点。"总而言之,贝尔是一个好人。要得出这个结论也许大可不必煞费苦心地多次借晚餐之机或在学院拜会梅里美先生,或者经常"安排与安培先生谈话",而读过该结论后,我们亦不必如圣伯夫那样为后来人忧心忡忡了。

[……]

圣伯夫似乎从未曾理解灵感或文学工作的特殊性,及其与别的工作和作家其他活动的迥然不同之处。他未将文学活动与其他活动划清界限,而在文学工作的孤独中,那些与他人共有的话语、让我们即便在独处中做出判断时也会失去自我的话语被抑制了,我们终于再次面对自我,寻求倾听并还原我们真切的心灵之声,以及对话。

在私交中,让人产生某些更外在、模糊,更深刻、沉静之感的,不过是图像的虚假表象。实际上,作家向公众展示的是他在孤独中为自己所写的,即自我的作品……旨在与人交流的作品,亦即付于交谈(无论是多么精致的交谈,而最精致的也是最糟的,因为它与我们的精神生活密切相连,从而将之扭曲,福楼拜同他的侄女或钟表匠的交谈则无此危险)或者只为密友创作的作品,它们压缩至只合数人的口味,充其量不过是书面谈话,这样的作品出自一个更加外在的自我,而不是深层的自我,只有当你无视他人,也无视与他人相识的那个自我时才能发现这个深层自我,当你与他人为伴时,这深层自我就在一旁等待，你能清晰地感到他才是唯一真实的自我，艺术家最终只为他而活，他如神灵般令艺术家越来越难以离弃，并甘愿为之牺牲生命，只为将荣耀带给它。

［……］

由于未能看到将作家与世人分开的鸿沟，未能理解作家的自我仅仅表现在他的书里，他向社会人（即便是面对其他作家，他们只在独处时才重新成为作家，在社交场合则均为社会人）所展现的只是他作为社会人的一面，圣伯夫于是抛出了他著名的方法论，丹纳、布尔热等许多人认为这是他声名远播的原因所在，该方法论的要旨是，为理解一名诗人或作家，要去热切询问那些认识过他、与他常相往来之人，向其探听诸如他与女人的相处之道等等，总而言之所有那些恰恰无关其真实自我的方方面面。

［……］

我们看到，圣伯夫相信他所喜爱的沙龙生活对文学不可或缺，他让这沙龙生活贯穿数个世纪，时而到路易十四的宫廷，时而到督政府的名人圈里，因而……事实上这位整周无休的创作者常常在星期天亦不休息，取悦有名望的评论家，鞭笞批评他的人，从而在每个周一领受名誉的奖赏，他将全部文学视为一种《月曜日丛谈》，将来也许会有人重读，但在写就之时应该顾及有名望的评论家的意见以取悦之，而并不过于在意后世的评价。他用历史的眼光看待文学。[……]文学于他似乎是件时事，其价值取决于人物的价值。总之，宁可扮演重要的政治角色而放弃写作，也不要政治上不得志而去写一部道德的书，等等。因此他与爱默生不同，后者说我们必须心系星辰，他却竭力纠缠于最偶然之事，政治。

[……]

有时我会想，如果在圣伯夫作品中仍然有更好的东西，那也许是他的诗。在那里一切智力游戏都终止了。他不再靠着无穷无尽的技巧和手段去迂回曲折地达到目的。魔法般的邪恶循环打破了。就好像在他那里，思想不断产出谎言源于文过饰非的表达技巧，一旦停止运用散文体，他便停止撒谎。正如一名被迫用拉丁语表达思想的学生，不得不放弃修辞，袒露自己的思想，圣伯夫发现自己第一次直面现实并从中获得了直接的感受。[……]至于他自己，他深层的、无意识的、个体的自我，除了拙劣之外几乎别无所长。这拙劣反复出现，仿佛自然而然。但他的诗，那微末然而迷人真诚的诗，那渊博又时而恰到好处的努力，表达着爱的纯洁，都市午后的忧伤，回忆的魔力，阅读的激情，多疑老者的惆怅，这样的诗表明——因为我们感到这是他唯一真实之事——他所有浩如烟海、天花乱坠的批评作品都毫无意义，因为其全部奇观不过如此。《月曜日丛谈》不过是表象而已。这几首小诗方为真实。一名批评家的诗，这就是永恒天平上其全部作品的分量。

➳ 普鲁斯特解释《在斯万家那边》*

[发表于1913年11月]

"我即将发表的只是全称为《追忆似水年华》的小说中的一卷,《在斯万家那边》。我本想发表全部;但人们已不再编辑出版多卷本作品了。好比我有一幅对现在的寓所来说太大的挂毯,不得不将之剪开。

"我对年轻作家们是颇有好感的,但他们与我相反,他们鼓吹简练的情节、少量的人物。那并不是我的小说观。怎么对你解释呢?你知道有一种平面几何,还有一种立体几何。对我而言,小说不仅仅

---

* 《在斯万家那边》出版于1913年11月14日。此文是出版前一天,即11月13日的《时代日报》发表的记者艾利-约瑟夫·布瓦对普鲁斯特的访谈。事实上普鲁斯特此前早已写就这篇文章。

是平面心理,更是时间中的心理。我试图将这不可见的时间实体分离出来,但为此必须进行持久的尝试。我希望在我的书的结尾处,某个微不足道的社交事件,比如两个在第一卷中属于完全不同世界的人物的婚姻,将可以表示时间的流逝,并呈现出凡尔赛宫铅制品的绿锈斑驳之美,时间将之封存于绿宝石般的外壳中。

"随后,就像一座城镇,当火车沿着弯曲的轨道行驶时,它在我们看来时现于左,时现于右,某个人物在另一个人物的眼中将呈现出多个侧面,以至于就如连续而不同的几个人物,这会带来——但只是因为这一点——时间流逝的感觉。这样的人物到后来会表现得与当前这一卷完全不同,也会异于人们认为他们将要成为的样子,就像生活中常常发生的那样。

"这并不是同样的人物在作品进程中以不同的面貌重新出现,像在巴尔扎克的某些系列中那样,而是,"普鲁斯特先生对我们说,"在单个人物身上,某些深刻的、几乎是无意识的印象。"

"从这个角度来看,"普鲁斯特先生接着说,"我的书也许看起来像是'无意识小说'的尝试;如果我相信这一点的话我会毫无愧色地称之为'柏格森[1]式的小说',因为在每一个时代都是如此,文学总是试图将自身——当然是后知后觉——与流行的哲学思潮联系起来。但这么说并不准确,因为主导我作品的是非意愿回忆和意愿回忆之间的区别,这一区别在柏格森先生的哲学中不但不曾出现,而且与之相抵触。"

"您如何验证这一区别?"

"对我而言,意愿回忆首先是理智和视觉的回忆,它带给我们的仅仅是过去的一些不含真相的表象;但我们在完全不同的场合再次邂逅的一种气息或味道,会不由自主地唤醒我们心中对过去的回忆,我们感到它与记忆中是多么不同,不同于那个被我们的意愿回忆像拙劣的画家一样用失真的色彩涂抹的过去。就在这第一卷里,你会发现自称'我'(那并不是我)的叙述者,在一口浸过玛德莱娜点心的茶水的味道里,突然重新找回了他久已忘却的年代、花园、人物;无疑他也曾记起那一切,但却缺乏神采,毫无魅力;我得以借他之口说,就像那种日本

---

[1]. 亨利·柏格森(Henri Bergson,1859—1941年),法国哲学家,倡导生命哲学与直觉主义,1927年获诺贝尔文学奖。

小游戏，把一团团薄薄的纸浸入水碗，它们便开始伸展、卷曲，形成种种花朵和人物，同样，他花园里的全部花朵，伊弗纳的睡莲，村子里的好人们，他们的小小房舍、教堂，还有整个贡布雷及其周遭环境，所有这一切都成形、固定，城镇与花园都浮现在他的茶杯里。

"你看，我相信艺术家几乎只能求助于非意愿回忆才能找到作品的原材料。首先，正因为它们是非意愿的、自动形成的，被同一时刻的相似性所吸引，所以只有它们才带有真实性的印记。其次，它们按着记忆与遗忘的精准比例为我们带回过去的风物。最后，因为它们让我们领略到的是完全不同的情境中同样的感受，它们使这感受脱离了一切偶然性，为我们带来其超时间的本质，而这恰恰是美丽风格的内涵，这是普遍必然的真理，唯有风格之美才能传达。"

"如果我允许自己对我的书做出这样理性的分析，"普鲁斯特先生接着说道，"那是因为它在任何程度上都不是理性的产物，它最细微的元素均来自我的感性，我首先从自我的深处觉察它们而不是理解它们，并且很难将它们转换成某种理智的东西，就好像——我该怎么说呢——音乐动机,与理智世界格格不入。你似乎认为这是些玄妙的东西。噢不,我向你保证,恰恰相反,这是现实。我们无须自己去澄清的、早已明晰的东西(比如逻辑概念),并不真正属于我们,我们甚至不知道它是否真实。它是我们随意选择的'可能性'的部分。而且,你在行文风格上立刻就能看出这一点。

"风格绝非一种点缀,像某些人所认为的,它甚至不是技术问题,它像画家手里的色彩,是一种视觉,是我们每个人所见、不为他人得见的特定宇宙的显现。艺术家带给我们的乐趣,就是让我们多认识一个宇宙。"

图书在版编目（CIP）数据

阅读的时日／（法）马塞尔·普鲁斯特著；魏柯玲译. —北京：商务印书馆，2023
（伟大的思想. 第一辑）
ISBN 978－7－100－22297－6

Ⅰ. ①阅… Ⅱ. ①马… ②魏… Ⅲ. ①读书活动 Ⅳ. ①G252.17

中国国家版本馆 CIP 数据核字（2023）第062207号

权利保留，侵权必究。

伟大的思想 第一辑
阅 读 的 时 日
〔法〕马塞尔·普鲁斯特 著
魏柯玲 译

商 务 印 书 馆 出 版
（北京王府井大街36号 邮政编码100710）
商 务 印 书 馆 发 行
山东临沂新华印刷物流
集团有限责任公司印刷
ISBN 978－7－100－22297－6

2023年9月第1版	开本 787×1092 1/32
2023年9月第1次印刷	印张 46¼

定价：260.00元（全十册）